検証　政治改革

なぜ劣化を招いたのか

川上高志
Takashi Kawakami

岩波新書
1915

はじめに

「危機に瀕する民主主義」

「今、国民の間には、政治が自分たちの声、現場の声に応えていない、政治に自分たちの悩み苦しみが届いていない、さらには政治が信頼できない、政治に期待しても仕方がない。こうした切実な声が満ちあふれている。信なくば立たず。政治の根幹である国民の信頼が崩れ、わが国の民主主義が危機に瀕しています」

二〇二一年八月二六日、自民党総裁選への立候補を表明した岸田文雄は記者会見でこう訴えた。再選を目指していた現職総裁・首相の菅義偉に挑む総裁選だった。二〇年九月の就任後、菅は新型コロナウイルス感染症対策で後手に回り続け、内閣支持率は政権維持の「危険水域」とされる三〇％前後まで下落。一〇月二一日に衆院議員の任期満了が迫る中、自民党内では「菅では衆院選が戦えない」という声が強まっていた。岸田の出馬表明で政局は急展開し、菅は総裁選への出馬断念に追い込まれる。総裁選を勝ち抜いた岸田は第二七代の自民党総裁、そして憲政史上六四人目、第一〇〇代の首相に就任する。

一〇月三一日に投開票された第四九回衆院選でも、岸田は街頭演説で小さなノートを振りかざし、「国民の意見をここに書き留めてきた」と訴えた。自民党は二五九議席を獲得、二人の追加公認を含めて衆院の「絶対安定多数」となる二六一議席を得て、公明党との連立政権を維持した。一方、野党第一党の立憲民主党は議席を減らし、「一強多弱」と呼ばれる体制が継続された。

だが、この衆院選で自民党は本当に国民の信任を得たのだろうか。衆院選の投票率は小選挙区で五五・九三%と戦後三番目の低さだった。全有権者に占める自民党の「絶対得票率」は小選挙区で約二六%しかない。しかし、得票率よりも議席占有率を拡大する小選挙区制の「効果」によって小選挙区で約六五%の議席を占めた。絶対安定多数を確保したと言っても、有権者の四人のうち一人の支持しか得ていない政権が、本当に国民を代表していると言えるのだろうか。

衆院に導入された小選挙区比例代表並立制の選挙が一九九六年に初めて実施されてから四半世紀が過ぎた。この間、投票率は下落傾向にあり、自民党の安倍晋三が政権に復帰した二〇一二年一二月の第四六回衆院選以降は五〇%台の低投票率が続く。有権者の約半数が投票に行かないという状況だ。

では、民主主義はいつから岸田が指摘するような危機に陥ったのだろう。岸田はその時期を、首相の安倍が体調不良を理由に退陣し、菅が後継に就任した二〇年九月からの一年間だとしている。しかし、次に挙げる二つの数字を見ていただきたい。

一一・九％――。これはNHK放送文化研究所が一八年に行った「日本人の意識」調査で、「私たち一般国民の意見や希望は、国の政治にどの程度反映していると思いますか」という問いに対し「十分反映している」と答えた人の割合だ。「かなり反映している」と答えた九・八％を合わせても、わずか一一・七％しかない。

他方、「まったく反映していない」と答えた人は二五・〇％に上る。六〇・一％は「少しは反映している」という消極的評価だ。NHKの調査は五年ごとに実施されており、一三年の調査でも「十分」と「かなり」の合計は一二・四％にとどまっている。

二〇・六％――。これがもう一つの数字だ。民間の非営利シンクタンク「言論NPO」が一九年に行った「日本の政治・民主主義に関する世論調査」。日本の将来への不安やさまざまな課題を「現在の日本の政党や政治家が解決できると期待していますか」という設問に、「期待できる」「やや期待できる」と答えた人を合わせた割合である。逆に「期待できない」「あまり期待できない」を合計すると七〇・九％にも達している。

一三年から一九年という時期は、新型コロナ感染症が流行する前。政権に復帰した安倍が官邸主導の「一強体制」と呼ばれる長期政権を築いた時期である。岸田も当時、外相や自民党政調会長という要職を担い政権の中枢にいた。安倍は衆参五回の国政選挙で連勝し、政権の基盤は盤石とみられた。だが、その間も多くの国民は「政治は自分たちの意見を十分に反映せず、課題の解決も期待できない」と冷めた目で見ていたのだ。

有権者は今の政治に満足している訳ではない。それでも代表を選ぶ選挙では投票に行かない――。これで代議制民主主義が機能していると言えるのだろうか。

政治改革の帰結

では、なぜ「一強体制」は、国民の期待から乖離してしまったのか。その原因を考えるには、一強体制がどうやって構築されたのか、政策決定がどのように行われているのか、なぜ政権が間違った方向に進んだ時に軌道修正が図られなくなったのかを読み解いていく必要がある。

官邸主導の体制は、一九八〇年代末から約三〇年間の「平成の時代」に実行された一連の政治改革、統治機構改革によって作り上げられた。国民の代表を選ぶ選挙制度を変え、首相や内閣の権限などを強化した改革は、統治機構の根幹を大きく変えた。憲法の条文は改正しないものの「実質的な意味での憲法改正」とも言うべきものだった。

背景には「国内外の転換期」という時代の大きな流れがあった。戦後の国際政治の枠組みを規定していた東西冷戦が終結し、国際秩序は激しく流動化した。国内ではバブル経済が崩壊し、低成長時代に入るとともに少子高齢化が進み、社会保障費などの国民負担が政治の重い課題となった。一方で、「五五年体制」と呼ばれた一九五五年以降の自民党一党優位体制の下で、政治とカネを巡る事件が相次ぎ、政官業の癒着、利権政治への批判も高まっていた。

こうした内外の激動に対応する政治体制の確立を目指して進められたのが「平成期の改革」だった。転換期の課題に戦略的、機動的に対処できる「政治主導」、政治腐敗の温床となった癒着構造を断ち切る「政権交代の可能性のある政治体制」が追求された。改革のキーワードは「政治における意思決定と責任の帰属の明確化」だ。

改革は一定の成果を上げたと言うべきだろう。制度的には政治主導の体制が構築され、首相がリーダーシップを発揮する舞台が整えられた。ただし、その体制は誰が首相になるかによって変わりうる。二一世紀に入って以降、政治主導を打ち出した小泉純一郎政権の後は、自民党の首相が一年ごとに代わった。民主党が政権交代を果たすが、やはり三人の首相が一年ごとに代わり、約三年三カ月で自民、公明両党の連立政権に戻った。

そして、一二年一二月以降の安倍政権は約七年八カ月という戦後最長の政権を築いた。さらに菅義偉へと引き継がれた約八年九カ月の間に、「政治主導」は「強すぎる首相官邸」となり、野党の弱体化と併せて「一強多弱」と呼ばれる政治状況に至っている。安倍政権は大胆な金融緩和に基づく経済政策アベノミクスによって景気回復を進め、「成長と分配の好循環」を掲げて格差是正にも取り組む姿勢を示す一方で、集団的自衛権の行使を認める安全保障関連法を制定するなど世論を分断する政策を断行した。長期政権の後半には「モリ・カケ・サクラ」と呼ばれる学校法人森友学園、加計学園や「桜を見る会」問題など権力の私物化が指摘される疑惑が相次いで浮上する。だが、政治リーダーが責任を取ることはなく、説明責任を尽くす姿勢も示されなかった。長期政権の間に、政治は民意から乖離し、「政治の劣化」が指摘されるようになった。これが岸田の指摘する「民主主義の危機」の実相だ。

政治改革の結果として生まれた体制が、なぜ民主主義の危機を招いたのか。その背景に、二つの要因を指摘したい。一つは、権限が強化された首相官邸が「自律的」にその権力を抑制する姿勢を失い、国会や官僚機構などとの関係が歪んでしまったことだ。「官邸の独裁」とも言うべき状態である。もう一つは、首相官邸の権力に対して、その行使の在り方をチェックすべき野党や国会、メディアの力が相対的に弱くなったことだ。民主主義が機能するためには、それぞれの機関が互いに監視し、権力の抑制を図る必要がある。だが、そのバランスが崩れてしまった。

岸田は「国民の信頼と共感を得ながら、丁寧で寛容な政治を進める」と強調する。しかし、権力の集中と監視機能の弱体化という構造的な問題は依然として残る。強くなった政権は制御を失って国民の民意から乖離し、国民はますます政治への期待を失い、選挙からも遠ざかるという悪循環に陥っている。これが平成期の政治改革、統治機構改革が目指した「目標地点」だったと言えるだろうか。答えは「ノー」と言うしかない。

危機に瀕する民主主義を立て直すには、その問題点を洗い出し、真正面から向き合って解決策に取り組む必要がある。本書では、平成期の政治改革、統治機構改革が目指した目標を改めて確認し、改革の議論と実行の過程で何が変わり、何が置き去りにされ、そもそも議論から何が抜け落ちていたのかを総括し、「強すぎる首相官邸」と「一強多弱」の体制に行き着いた経緯を検証したい。

その上で、民主主義を再生させ、政治を国民の民意に沿うように変えていくために取り組むべき課題は何なのか、選挙制度の見直しも含めた「新たな政治改革」の提示を試みたい。

なお、肩書や役職などは記述当時のものとし、引用の文書は読みやすくするため一部手直しした。選挙での獲得議席数は総務省の記録に従い追加公認は含めていない。内閣支持率などのデータは共同通信社の調査結果を使用した。また敬称は略させていただいた。

目　次

目次

写真提供＝共同通信社

序 章

短期決戦での自民党勝利

――有権者の審判から逃げた衆院選

衆院本会議で第100代首相に指名され，起立する自民党の岸田文雄総裁＝2021年10月4日

一　選挙直前の党首交代

異例ずくめの短期決戦

「衆院を一〇月一四日に解散し、三一日を投開票日にしたい」――。自民党の新総裁・岸田文雄が国会で首相に指名された二〇二一年一〇月四日、解散・総選挙日程を巡る岸田の意向が自民党幹部に伝えられると永田町に衝撃が走った。それまで投開票日は一一月七日か一四日のいずれかと見られていた。その予測を外し、前倒しする日程。解散翌日から投開票日まで一七日というのは、中曽根康弘政権が行った一九八三年一二月の第三七回衆院選の二〇日を抜いて戦後最短となる。首相就任一〇日後の解散、そして、わずか二七日での投開票も現憲法下では最短だ。岸田は臨時国会で所信表明演説と各党の代表質問だけを行うと、予算委員会での本格論戦は拒否して衆院を解散する短期決戦を仕掛けた。

一〇月二一日に衆院議員の四年の任期が満了となるため、任期切れから選挙までの期間をできるだけ短くすべきだという事情はあった。「決断できないと思っていた岸田が大胆な決断をした」「野党の隙を突く奇襲だ」――。自民党内は岸田の判断を評価する声が大勢を占めた。

しかし、その評価を受け入れる訳にはいかない。首相就任から短期間での衆院選は、政権選択の判断をするために十分に考える時間を有権者から奪うものだ。憲法五四条は衆院解散の日から「四十日以内」に総選挙を行うと定めている。そこには二つの意味があるだろう。全ての衆院議員がその地位を失い、不在となる期間があまり長くなりすぎるのは好ましくない。「最長でも四〇日」というのがその一つだ。一方で四〇日という規定は、有権者が判断するために一定の時間を確保することを想定したものと考えられる。過去の衆院選の多くは解散から投開票日まで三〇日前後で行われている。

短期決戦は実は元首相・安倍晋三が使った手法でもある。二〇一二年に政権に復帰した安倍は一四年と一七年に二回衆院を解散した。野党の不意を突くような解散で、投開票日までの日数は一四年が二三日、一七年は二四日という短期決戦を仕掛け、大勝を収めた。岸田の戦略も、大詰めの段階に来ていた野党側の候補者一本化調整に対して先手を打つ速攻だった。

しかし、発足したばかりの岸田政権には何の実績もない。有権者には岸田を評価する材料がなかった。一九九四年に衆院に導入された小選挙区比例代表並立制は、「民意を集約」する効果を持つ小選挙区制を柱とする制度によって「政権を選択する選挙」と位置付けられた。選挙区で擁立される党公認候補は一人に絞られるため候補者を選ぶことを通じて政権を託す政党とその政策を選ぶという考え方だ。その選挙では、政権与党は政権運営の「実績」について有権者の審判を受け、野党は政権への「対抗軸」を示して政権を任せられるかの判断を受けるという構図になる。

制度の趣旨に従えば、自民党は菅義偉政権の実績に対して有権者の審判を受けるべきだった。ところが自民党は衆院選直前の総裁選で「党の顔」を代え、「過去の実績」を審判から隠したと言える。

「五五年体制」下で長期政権を担った自民党は、政権が行き詰まると党内でトップを代えて国民の支持を取り戻した。自民党内での「疑似政権交代」とも呼ばれる。だが、衆院選の直前に「党の顔」を代えた例は過去にはない。特に小選挙区制を柱とした政権選択選挙での直前の党首交代は「禁じ手」と言うべき手法だろう。

第四九回衆院選は、衆院議員の任期満了日を初めて越えて投開票されるという異例ずくめの短期決戦となった。

過信した菅の迷走

衆院選の直前に総裁選を設定した自民党としては、総裁選が盛り上がれば衆院選にも有利になるという計算があった。総裁選には岸田のほか、世論調査で国民の人気が高い行政改革担当相・河野太郎、前総務相・高市早苗、党幹事長代行・野田聖子の四人が立候補して、ほぼ一カ月間、メディアの報道を独占した。自民党の狙い通りの展開と言える。しかし、政権選択の選挙に向き合う姿勢としては妥当とは言い難い。

そもそも衆院議員の任期満了と自民党総裁の任期切れが二〇二一年秋に重なることは、少なくとも一年前、菅が安倍の後継総裁に選出された時点で確定していたものだ。この二つの重要日程をどう組み合わせるのか。菅が政権続投を目指すのならば綿密な計画を練らなければならなかった。本来であれば総裁選を衆院選の後に先送りするのが筋だろう。

しかし、菅は何の手も打たずに「政局の秋」を迎えてしまった。菅は有力な対抗馬は現れず、総裁選で再選されると考えていたのかもしれない。二一年七月には早々と総裁選出馬を明言。幹事長・二階俊博や党内に影響力を保つ安倍らが再選支持の考えを示していたことも自信の裏にはあったと思われる。だが、楽観論に拠る政局対応は、楽観的な見通しの揚げ句に後手に回り続けた新型コロナ対策と同じだった。

政局が急展開するのは二一年八月二六日、自民党総裁選の日程を九月一七日告示・二九日投開票とし、党員・党友投票を実施する、いわゆる「フルスペック」方式で行うことが決まった日からだ。この日にいち早く出馬表明した岸田は「今、自民党に厳しい目が注がれている」と菅を批判し、「権力の集中と惰性を防ぐ」として総裁を除く党役員の任期を「一期一年、連続三期まで」に区切ると表明した。菅の後ろ盾である二階は幹事長在任が既に五年を超えていた。岸田の宣言は明快な「二階切り」だった。

ここから菅の迷走が始まる。既に菅を取り巻く環境は極めて厳しい状況になっていた。四月に行われた衆院北海道二区と参院長野選挙区の補欠選挙、参院広島選挙区の再選挙という三つの国政選挙で全敗。八月のお盆明けに自民党が実施した全国選挙区の情勢調査では、自民党が衆院単独過半数の二三三議席を割り込む可能性もあった。八月二二日に投開票された菅の地元・横浜市長選では国家公安委員長のポストをなげうって出馬した盟友の小此木八郎が立憲民主党推薦の新人候補に大差で敗北。内閣支持率は三〇%前後に落ち込み、「菅が党首では衆院選は厳しい」という声が広がっていた。八二歳で幹事長を続ける二階に対しては「長老支配」という批判が以前からあった。そこに打ち込まれた岸田の「二階切り宣言」で党内は一気に動きだした。

焦った菅はまず幹事長交代を決め、二階に通告する。総裁選の直前に党役員を代えるのは極めて異例だが、岸田との間の総裁選の「争点」を潰すのが狙いだったのは明らかだ。さらに、衆院解散は行わずに任期満了の選挙を実施する考えを周囲に示したかと思えば、衆院を解散して総裁選を先送りする案も漏らした。だが「解散検討」の報道が流れると、党内から一斉に反発の声が上がり、菅は「最優先は新型コロナ対策であり、今のような厳しい状況では衆院解散はできない」と解散権の封印に追い込まれた。

打つ手に詰まった菅は人事で局面を打開しようとする。党四役を交代させることを決めるのだ。だが、画策した人事は思うように進まず、九月三日、自民党役員会で総裁選への不出馬を表明した。菅は不出馬の理由を「新型コロナ対策に専念するため」と記者団に説明したが、それは建前に過ぎない。再選・続投に向けてあがいた末に「勝ち目がない」と断念したのが実態だった。

この間の動きを振り返ると、菅は党内の情勢が厳しくても人事権や衆院解散で乗り切れると考えていたようだ。確かに永田町では、解散は「首相の専権事項」「伝家の宝刀」と言われる。しかし、党内を制する力を持っていなければ解散はできない。

衆院解散は本来、内閣と国会の意思が異なったときに国民に審判を仰ぐ手続きだ。ところが菅は政権の延命のために解散権を使おうとした。後で述べるように、前任の安倍が長期政権を築いたのは「小刻みな解散・総選挙」によって政権への「信任」を繰り返し取り付けたからだ。菅も安倍が振るったのと同様に解散権を自由に使えると考えていたのではないか。解散権と人事権という首相の権力を過信した結果として、菅は行き詰まったと言える。

二　「負の遺産」隠し

「再び驕りが生じている」

自民党政権は衆院選前、厳しい状況に直面していた。最大の要因は後手に回り続けた新型コロナ対策だろう。ただ、底流には安倍政権時代から続いた「一強体制」への不信が鬱積していた。「モリ・カケ・サクラ」と呼ばれる学校法人森友学園、加計学園問題と首相主催の「桜を見る会」を巡る疑惑が相次いで浮上し、権力の私物化と指摘された。しかし、安倍や菅は疑惑を晴らす説明責任を果たそうとしなかった。

元法相・河井克行や元経済産業相・菅原一秀（すがわらいっしゅう）らが公選法違反で逮捕や略式起訴されても、「任命責任は私にある」と言いながら、具体的な責任の取り方に関しては「内閣として一層気を引き締めて信頼を回復したい」などと述べるだけだった。菅は日本学術会議が推薦した新会員六人の任命を拒否し、憲法が保障する「学問の自由」の侵害だとの批判が出ても、人事に関する説明を拒み続けた。

自民党総裁選で党改革を訴えて当選一〜三回の若手議員が結成した「党風一新の会」は緊急提言で、「政権を奪還した後の安定政権が続く中で強引ともとられる政権運営や、国民意識と乖離した言動や行動も散見されるなど、「自民党はかつての反省を忘れて再び驕りが生じているのでは」との批判も聞かれるに至った」と指摘した。

後退した岸田発言

総裁選で各候補に求められたのは、こうした国民の不信に真正面から向き合い、説明責任を果たす姿勢だったはずだ。しかし、疑惑の解明は置き去りにされた。岸田も森友学園を巡る財務省の決裁文書改ざん問題について、当初は「調査が十分かどうかは国民が判断する話だ。国民は足りないと言っている訳だから、さらなる説明をしないといけない」と再調査の必要性を示唆しながら、直後に「再調査は考えていない」と発言を後退させた。

河井事件でも再調査を否定。学術会議問題も「一連の手続きは終了したと承知している」として放置した。衆院選の前に不信の原因である安倍、菅政権の「負の遺産」を隠す役回りを演じたと言える。

新型コロナ感染症という危機への対処で政治に求められるのは、国民の理解を得ながら、厳しい事態を共に乗り越えていこうという信頼関係だろう。岸田は「信頼と共感を得られる政治を実現する」と繰り返す。だが、「負の遺産」を覆い隠したままで、本当の信頼関係が築けるのか。自民党としての説明責任は未だに果たされていない。

三　実現しなかった与野党伯仲

勝者なき選挙

二〇二一年一〇月三一日に投開票された第四九回衆院選で、自民党は公示前から一七議席減らしたが、二人を追加公認して「絶対安定多数」の二六一議席を確保した。三二議席と公示前から三議席増やした公明党と合わせると二九三議席を占め、結果としては自公連立が政権の基盤を改めて固めることになった。

これに対し、野党第一党の立憲民主党は九六議席と公示前から一四議席減らし、代表の枝野幸男、幹事長・福山哲郎ら執行部は総退陣した。一一から四一へと議席を増やしたのは日本維新の会だ。政権に対して「是々非々」で臨む姿勢をアピールすると同時に、立民と共産党などが候補者を一本化した「共闘」も批判する路線を取って、自民党には批判的だが、野党共闘も支持できないという層の票を集めた。

衆院選の「勝者」は誰だったのか。政権選択の選挙で過半数を制した以上、勝ったのは自民党と言うべきだろう。しかし、公示前から一七議席も減らしており、「勝利」とは言い難い。特に党の要の幹事長・甘利明が小選挙区で敗北、幹事長経験者の石原伸晃(いしはらのぶてる)も野党統一候補に大差で敗れるなど大物議員の落選が相次いだ。岸田は選挙後の記者会見で「自公連立政権に対する期待と同時に、国民の皆さんからご叱声もいただいた」と総括した。

野党の立民、共産、国民民主、社民の四党は二八九の小選挙区のうち二一七選挙区で候補者を一本化して、自公両党の与党公認候補と対決した。れいわ新選組を加えた五党で候補者を一本化したのは二一三選挙区に上る。その結果、多くの選挙区で激戦となり、当選者と次点の得票差が一万票未満という接戦区は全体の二二％に当たる六四選挙区に上った。そのうち野党が候補者を一本化した五九選挙区では、自民党が三二勝、五野党候補が二六勝、維新が一勝だった。

一万票未満という接戦はほんの少しの票の変動で勝敗が入れ替わる。報道各社の投票日前の情勢調査では劣勢だった選挙区の多くで自民党が逆転を果たしている。「選挙戦は最後の三日間が勝負」と言われるが、最終盤に票を上積みできる組織を持っている自民党、公明党とその支持母体・創価学会の「地力」が接戦区で自民党候補が勝ち抜ける結果につながったと見るべきだろう。

逆に、立民などの野党共闘候補は、地域組織の足腰の脆弱さを露呈したと言える。議席を増やした維新も一四年の第四七回衆院選で当時の「維新の党」が得た四一議席と同じ議席を回復したにすぎない。各党ともに課題を残した「真の勝者なき選挙」だった。

共闘を強いる選挙制度

選挙結果で明確なのは「一強多弱」の体制が継続されたということだ。投開票日前に全国的な支持傾向を探るために共同通信社が実施した「トレンド調査」で望ましい選挙結果を尋ねたところ、「与党と野党の勢力伯仲」が四九・四％と最も多かった。「一強体制」に対して、野党がチェックする力を強めてほしいという世論の表れと言える。しかし、選挙結果は逆になった。野党第一党・立民と自民党の議席比率は、公示前は一対二・五一だったのに対し、選挙後は一対二・七〇に広がった。維新を除く野党五党と自公の議席比率も一対二・三二から一対二・四〇に拡大している。

さらに維新や三議席増やした国民民主党は「提案型政党」を打ち出し、政権には「是々非々」で臨む姿勢を明確にした。国民民主は国会対応でも野党国対委員長会談の枠組みから外れると表明。立民は今後、野党国対委員長会談を開かない方針を決めた。野党がバラバラでは政権へのチェック機能はさらに弱まることになる。

立民は小選挙区で公示前より九議席増やしながら、比例代表では二三議席と大きく減らした。選挙戦で与党や維新が攻撃したのが、「共闘」した共産党との政策の不一致だ。特に外交・安全保障政策で、日米同盟を基軸とする立民と、日米安全保障条約の廃棄を主張する共産党との共闘を「票目当ての野合」と批判した。立民の支持組織・連合も共産党との共闘に強く反発し、候補者が一本化されても選対の足並みがそろわない陣営もあった。野党共闘は小選挙区では一定の成果を上げたものの、比例代表では立民、共産ともに議席を減らす結果となった。

小選挙区制を柱とした並立制という選挙制度の下で、非自民勢力の再編、選挙での共闘は難しい課題であり続けている。本来は理念・政策的に距離がある自民党と公明党は選挙での協力関係を定着させ、公明党の支持母体・創価学会がそれを支える。これに対して、非自民勢力は選挙の度に共闘の構築を模索し、候補者調整に苦しむ。選挙区では一人しか当選しない小選挙区制のゲームのルールに則って戦う以上、非自民勢力は今後も候補者の調整を行う必要がある。しかし、共闘すれば政党独自の基本的な理念・政策が曖昧になるというジレンマに陥ってしまう。それが小選挙区制のルールと言えばその通りだろう。しかし、政党の基本理念を棚上げにしてまで「共闘」を強いる選挙制度は妥当なのか。その根本を再考すべきではないのか。

衆院選が投げ掛けた疑問

第四九回衆院選では、選挙直前の自民党の党首交代によって政権選択の意義が不明確になった。政権政党が審判を受けるべき過去を「隠す」のであれば、有権者は何を評価し、判断すればいいのか。一方、一対一の構図に持ち込むために野党は共闘し、多くの選挙区で候補者の一本化が行われたが、足並みがそろっていたとは言い難い。そもそも候補者が絞り込まれる小選挙区制は、有権者にとっては選択肢を狭めることにもなる。結果として「一強多弱」の体制は続き、権力へのチェック機能は強化されなかった。平成期の政治改革、統治機構改革が目指したのはこうした政治体制だったのだろうか。

次章以下では、一連の政治改革、統治機構改革の「目標」は何だったのかを確認し、その上で改革が現実の政治体制にどういう影響を及ぼし、変化をもたらしたのかを検証していきたい。

第 1 章

平成期の政治改革

——狙いは何であったのか

左：細川護熙首相(右)と河野洋平自民党総裁とのトップ会談が行われ，選挙制度改革案で合意した．共同記者会見の様子＝1994 年 1 月 29 日
右：衆院本会議で中央省庁等改革基本法案について答弁する橋本龍太郎首相＝1998 年 4 月 10 日

昭和天皇の崩御で元号が「昭和」から「平成」に変わった一九八九年は、国内外で歴史的な出来事が相次ぎ、日本の政治にとっても極めて重要な転換点となった。国際情勢では、米ソ首脳が一二月の地中海マルタ会談で東西冷戦の終結を宣言。これを国内政治に投影すれば一九五五年以降の自民党対社会党という「五五年体制」の基盤にあったイデオロギー対立の枠組みが消滅したことになる。国内では八八年に発覚したリクルート社による未公開株譲渡事件が政界に広がり、首相・竹下登が四月に退陣を表明、自民党は七月の参院選で惨敗し、一党優位体制が揺らぎを見せ始める。少子高齢化・人口減少時代を見据えて消費税が導入されたのもこの年だ。絶頂期にあったバブル経済は数年後に崩壊する。

転換期を乗り切るために浮上したのが、政治の在り方を抜本的に見直すべきだという議論だ。それが平成期の政治改革から統治機構改革へとつながっていった。本章では約三〇年間の改革論議の中で登場した「キーワード」を挙げながら、改革が目指した「目標地点」はどこだったのかを確認したい。

平成期の重要な改革として挙げられるのは次の二つだ。

一　細川護熙(ほそかわもりひろ)政権による九四年の政治改革関連法の成立。衆院の中選挙区制を廃止し、小選挙区比例代表並立制を導入した選挙制度改革、政治家個人への献金の規制を強化した政治資金制度改革、公費による政党助成制度導入――の三本柱

二　九六年に首相に就任した橋本龍太郎が主導した、いわゆる「橋本行革」による統治機構改革。柱は中央省庁再編と首相の権限や内閣機能の強化

これに、省庁横断の人事管理のために内閣人事局を新設した二〇一四年の国家公務員制度改革を加えて、その経緯と目標を振り返っていこう。

一　細川政権による選挙制度改革

リクルート事件

一九八〇年代末に政治改革が課題となり、世論もそれを求めた直接的な契機は、八八年に発覚したリクルート事件だった。厳しい政治不信の声に危機感を抱いた自民党は批判をかわすた

めに「政治改革」を打ち出していく。

就職情報誌の発行で急成長したリクルート社が、関連不動産会社リクルートコスモス社の未公開株を川崎市助役に譲渡していたことを朝日新聞がスクープしたのは八八年六月一八日だった。その後、当時の首相・竹下登、副総理兼蔵相・宮澤喜一、前首相・中曽根康弘、自民党幹事長・安倍晋太郎、政調会長・渡辺美智雄ら自民党の派閥領袖クラスやその周辺にも軒並み未公開株が譲渡されていたことが発覚した。当時のバブル景気の中で不動産関連株の値上がりは確実視されており、有力者たちは株を売って巨額の利益を得たため「濡れ手に粟」との批判を浴びた。

中曽根の後を継いで八七年に発足した竹下政権は、党内基盤の固い安定政権のはずだった。本格政権として長年の課題だった消費税の導入も実現した。しかし、リクルート事件による世論の厳しい批判を受け、竹下は八九年四月二五日、八九年度予算の成立と引き換えの退陣表明に追い込まれた。

リクルート事件の深刻さは、未公開株が自民党の特定の派閥や議員だけではなく各派閥の領袖らに幅広くばらまかれ、自民党全体が腐敗に染まっていたことだ。「政治とカネ」を巡る厳しい政治不信の声に対処するために、自民党が打ち出したのが政治改革だった。竹下は警察官僚出身で中曽根内閣の官房長官を務め、「カミソリ後藤田」と呼ばれた後藤田正晴を会長に据えて総裁直属機関の「政治改革委員会」を発足させる。

当時、世論が求めていたのは政治腐敗の根絶、政治倫理の確立だった。しかし、その議論を選挙制度の改革に結び付けていったのが、この政治改革委員会だ。後藤田はもともと小選挙区制導入論者だった。委員会は議論の中心に選挙制度改革を据え、当時の衆院の選挙制度であった中選挙区制の見直しを打ち出した。

中選挙区制の抜本見直し

なぜ、腐敗根絶の議論が中選挙区制の見直しにつながっていったのか。

戦後、四七年の第二三回衆院選から導入された中選挙区制は、一選挙区三〜五（その後の定数是正で二〜六、鹿児島県・奄美選挙区は定数一）の定数の中で一人だけを選ぶ「単記非移譲式投票制」だった。政権を目指す政党は常に定数の過半数の候補者を立てる必要がある。ただ、五五年の左右社会党統一、保守合同による自民党結党以来の「五五年体制」下で、自民党が単独過半数の候補者を立て続けたのに対して、最大野党の社会党が過半数の候補者を立てたのは五八年の第二八回衆院選だけだ。このため自民、社会の「二大政党体制」ではなく、「一か二分の一体制」とも呼ばれた。当然の結果として自民党の長期一党優位体制が続く要因となっていた。過半数の候補者を立てる自民党は、同じ選挙区内で自民党の候補者同士が競い合うことになる。選挙区で戦う他の自民党候補と差を付けるために、選挙にカネが掛かるようになり、日頃の政治活動でも選挙区への公共事業や補助金の誘致などが自民党議員同士で競われた。候補者は利権の誘導で力を発揮するために特定業界と結び付き、業界の利益を代弁する族議員が生まれた。族議員と業界、それに関連する省庁の官僚の結託は「政官業の鉄のトライアングル」とも呼ばれ、族議員は業界の利益代表となるのと引き換えに資金を得ていた。

中選挙区制に起因するこれらの問題点を政治改革委員会は指摘した。

政治改革委員会の答申を受けて自民党が八九年五月二三日に決定した「政治改革大綱」は中選挙区制の弊害をこう総括している。

「中選挙区制下においては、政党本位でなく個人中心の選挙となりがちである。多数党をめざすかぎり、おなじ政党のなかでの同士打ちはさけられない。このことは、日常政治活動や選挙運動の重点を政策以外におく傾向に拍車をかけ、利益誘導の政治や、後援会組織の維持と膨大な有権者への手当のため、多額の金がかかる選挙を生む原因となった。さらに、これらが高じ、政治腐敗の素地をまねくなど、国民の代表として行動すべき政治家の資質、活動のかなりの部分をそこなうにいたっている」

その上で、大綱は腐敗防止のために「現行中選挙区制の抜本的な見直し」を行うべきだとして、「小選挙区制の導入を基本とした選挙制度の抜本改革」を提唱した。ただ、小選挙区制では議席に反映されなくなる少数意見をくみ上げるために「比例代表制を加味する」とも明記した。あくまでも小選挙区制を柱に比例代表制を組み合わせるという、その後の選挙制度改革案の骨格がここで示された。後藤田の意向が打ち出された大綱と言える。

派閥の弊害

中選挙区制は自民党の派閥と結び付いて金権政治の温床になったとも指摘された。自民党の長期政権下では、党総裁の座は首相に直結する。総裁選は事実上、首相を決める権力闘争であり、公選法の規制が及ばない総裁選自体がカネの飛び交う選挙となった。

総裁選は基本的に支持する議員の数で競われるため、総裁・首相を目指す派閥領袖は勢力の拡張を競った。派閥所属議員の数を増やすのが衆参両院の国政選挙だ。各派閥は衆院選では中選挙区にそれぞれ自前の候補者を立てて勢力増を目指した。党の公認が得られなくても無所属で出馬させ、当選すれば追加公認されるという道もあった。派閥は候補者の発掘から選挙運動での実動部隊の投入、そして活動資金の手当てなどの支援を行う。国政選挙での正式な公認権は党執行部が持っているものの、選挙は派閥が候補者を立てて戦うのが実態だった。

大人数の議員を抱える派閥の領袖は巨額の政治資金を集める必要があり、支援を受ける企業・団体と結び付いていった。閣僚や党役員の人事でも派閥の数の力が働いた。こうして選挙の候補者発掘、政治資金、人事の調整権を握った派閥は党執行部よりも強い力を持ち、自民党は「派閥の連合体」とも呼ばれるようになった。

政治改革大綱は中選挙区制の下での「派閥の弊害」にも触れ、「一部には、派閥による活力を評価する向きもあるが、派閥と政治資金のかかわりや派閥の内閣、国会および党の全般にわたる人事への介在、派閥本位の選挙応援など、さまざまな弊害を生んでいる。かりに、現状のような派閥中心の党運営が続くならば、党が真の意味での近代政党、国民政党へ脱皮することは不可能である」と指摘し、「派閥解消への決意」を強調した。

政治改革大綱は同時に「政治倫理の確立」として、⑴国会議員の行為規範の充実や違反者に対する政治倫理審査会の対応の強化、⑵政治倫理確立のための資産公開法の制定、⑶国会議員への公的援助の拡大と政党法の検討——にも言及している。ただ、その後、大きなうねりとなる政治改革論議の中心が選挙制度改革になった原点は、やはりこの「政治改革大綱」にあった。

「政権交代」の登場

政治改革大綱は、腐敗防止のために選挙制度を改革する狙いとして「政権交代」の可能性を高めることも挙げている。この視点が、その後の政治改革の議論の重要なポイントとなっていく。

大綱は「健全な議会制民主主義、政党政治の再構築をあらためてつよく決意」すると強調。中選挙区制の下で自民党の長期政権が続き、政権交代が起きなかったことこそが政治腐敗につながったとの認識を示し、こう述べる。

「この制度における与野党の勢力も永年固定化し、政権交代の可能性を見いだしにくくしている。こうした政治における緊張感の喪失は、党内においては派閥の公然化と派閥資金の肥大化をさそい、議会においては政策論議の不在と運営の硬直化をまねくなど、国民の視点でなされるべき政党政治をほんらいの姿から遠ざけている」

中選挙区制の下での「政権交代の可能性の不在」が、政治から緊張感を失わせ、政治にカネが掛かる現状や国会論議の空洞化につながっているという認識を示したものだ。五五年体制下で長年政権を独占してきた自民党の中枢から「政権交代」が必要だとの認識が示された点に重大な意味があった。

大綱はさらに「選挙区制の抜本改革は、現行制度のなかで永年過半数を制してきたわが党にとって、痛みをともなうものである。しかしわれわれは、国民本位、政策本位の政党政治を実現するため、小選挙区制の導入を基本とした選挙制度の抜本改革にとりくむ」と強調している。

政治改革大綱に登場したキーワードを挙げれば「政党本位」「政策本位」の選挙による「政権交代」の可能性の向上と言える。「政権交代の可能性のある政治体制」は、その後の政治改革論議の重要なポイントとなっていった。

冷戦終結とバブル経済崩壊

選挙制度改革の議論は、竹下が設置を決定し、宇野宗佑(うのそうすけ)政権時代の八九年六月二八日に発足した「第八次選挙制度審議会」(会長＝元自治事務次官で読売新聞社長の小林與三次(こばやしよそじ))に引き継がれ、審議会答申を受けた政治改革論議へと移っていく。

議論はこの過程で、さらに論点を広げていった。それが山積する国内外の課題に対応するための「政治における意思決定と責任の帰属の明確化」だった。この言葉は「政治主導の確立」と「責任の帰属の明確化」というキーワードになっていく。

背景には、八九年以降に起きた国内外の情勢の大きな変化があった。自民党が政治改革大綱を決定した後の八九年一一月にベルリンの壁が崩壊し、一二月に東西冷戦が終結を迎えた。冷戦の終結によって国際社会の秩序は安定に向かうとの見方もあったが、逆に情勢は流動化した。

米国とソ連という超大国の「重し」が外れたためであり、世界各地で地域紛争が起きるようになる。九一年には湾岸戦争が勃発。海部俊樹政権は自衛隊の海外派遣の是非の判断を迫られることになる。海部は戦争終結後の機雷除去に自衛隊の掃海艇を派遣する一方、米国を中心とする多国籍軍などに計一三〇億ドルもの支援を行った。だが、国際的にはほとんど評価されなかった。激しく動く国際情勢にどう的確、迅速に対応するのか。政治の情勢判断と決断力が問われるようになった。

国内では、バブル経済の崩壊という経済状況の激変に襲われた。八〇年代後半からのバブル経済は、八九年末に東京証券取引所の平均株価が史上最高値を付けるまでに至るが、その後、下落局面に入る。高度・安定成長時代には、政治は拡大し続ける「富の分配」を行えばよかった。しかし、少子高齢化、低成長時代に入ると、負担を誰に求めるのかという「負担の分配」が政治の課題になった。竹下が導入した消費税もその一つである。

この環境の変化は国会議員の「仕事」にも大きな影響を及ぼした。それまでは公共事業や補助金を地元選挙区へ誘導することに力を注いでいた議員が、これからは「負担の分配」を有権者にお願いしなければならなくなる。「痛みを伴うお願い」は個々の議員には不得手なことだ。政府が責任を持って「負担の分配」の在り方を決定する体制が求められるようになる。

小選挙区比例代表並立制

九〇年四月二六日に出された第八次選挙制度審議会の「選挙制度及び政治資金制度の改革についての答申」は冒頭、政治を取り巻く情勢をこう整理している。

「今日、我が国は、山積する国内的諸問題の解決を迫られており、また国際的にも、世界の平和と繁栄のための積極的貢献を求められている。これらの重要課題に対応するために、我が国の政治に求められているのは、国民の信頼に支えられつつ、国民的合意を形成する機能を果たすことである」

その上で答申は、こうした課題に対応する政治体制を確立するための具体的な選挙制度改革案を検討する。挙げたのは⑴政策本位、政党本位の選挙とすること、⑵政権交代の可能性を高め、かつ、それが円滑に行われるようにすること、⑶責任ある政治が行われるために政権が安定すること、⑷政権が選挙の結果に端的に示される国民の意思によって直接に選択されるようにすること、⑸多様な民意を選挙において国政に適正に反映させること——などの条件であり、その下で小選挙区制、比例代表制、両者の組み合わせ方式について検討を行った。

まず、小選挙区制の利点としては㈠政権の選択について国民の意思が明確なかたちで示される、(イ)政権交代の可能性が高い、(ウ)政権が安定する――などを挙げた。他方、課題としては「少数意見が選挙に反映されにくい」と指摘した。

一方、比例代表制の利点は「多様な民意をそのまま選挙に反映し、少数勢力も議席を確保しうる」とし、反面、「小党分立となり連立政権となる可能性が大きいため、政権が不安定になりやすい」との評価を示している。

その上で、審議会としては「小選挙区制」を採用すると結論付け、その理由を、「国内外の情勢の中で、時代の変化に即応する政治が行われるためには、民意の正確な反映と同時に、民意の集約、政治における意思決定と責任の帰属の明確化が必要である。また、活力ある健全な議会制民主政治のためには、政権交代により政治に緊張感が保たれることが必要である」と説明している。

小選挙区制では、一つの選挙区で当選者は一人しかいない。このため中選挙区制時代のように無所属候補が出馬する余地は小さく、政党が公認候補を立てて政権を競うという選挙が想定される。有権者は候補者の所属する政党と、政党が示す政策を選ぶことで、より直接的に「政権」を選択することになると考えられた。

また、小選挙区制では特定の政党に全国的な追い風が吹けば、わずかな得票数の差であっても、多くの小選挙区でその政党が議席を取り、圧勝する可能性がある。得票率を正確に議席数に反映させる比例代表制よりも、多数派に「民意を集約」させて多くの議席を与えることで政権の基盤は強くなる。こうして作られた強い政権による「意思決定の明確化」を図るという狙いだ。

同時に、政権がかじ取りに失敗したときは、次の選挙で別の政党に一気に議席が移り、政権交代が起きる可能性も高まる。「政権交代」によって「責任の帰属の明確化」を担保するという効果も想定された。

答申は最終的な結論として「政権の選択についての民意を明確なかたちで示し、政権交代による緊張をもたらす」という小選挙区制の特性を重視し、小選挙区で議席に反映されない「民意」にも配慮するため、「少数勢力も議席を確保しうるという比例代表制」も組み合わせて、「小選挙区比例代表並立制」を採用するとした。

ここでのキーワードを挙げれば、「政策本位」「政党本位」の選挙による「民意の集約」によって「政治における意思決定と責任の帰属の明確化」を図ることに主眼を置き、「民意の反映」にも一定の配慮を払うということになるだろう。

審議会答申は「並立」する小選挙区と比例代表との議席配分を「総定数五〇〇程度で、小選挙区六割、比例代表四割」、つまり小選挙区三〇〇議席、比例代表二〇〇議席とした。また、比例代表は全国を一一ブロックに分けた。全国単位ではなくブロックに分ければ、小政党は議席を得にくくなる。比例代表でも得票率よりも配分議席数を拡大する大政党に有利な仕組みが取り入れられた。

民間からの後押し

この時代の政治改革論議を特徴付けるのは、民間からの強い後押しの動きがあったことだ。それが中選挙区制廃止を訴える国会議員らを支えた。

民間の問題意識は政治家よりも先行していた。中心になったのは八〇年代の鈴木善幸から中曽根康弘政権時代に国鉄分割・民営化などを推進した第二次臨時行政調査会（会長＝経団連名誉会長の土光敏夫）に深く関わった経済人らである。

財界や労働界の代表、学者らでつくる「社会経済国民会議」の「政治問題特別委員会」（会長＝住友電工会長の亀井正夫）は八八年五月二日、「議会政治への提言――戦後政治の功罪と議会政治の将来」を公表し、中選挙区制や官僚機構の縦割り、集権的な国・地方の関係などの下で政官業一体の利益誘導の政治が横行していると指摘し、統治システムの抜本改革を提唱した。

中曽根が進めた行政改革の臨調方式は、本来は政治が決定すべき課題を、政治の「外側」にある審議会を使って解決する手法だった。しかし、臨調を経験した亀井らは審議会方式の限界を認識し、政治の在り方そのものの改革にこそ取り組まなければならないと考えた。

その後の民間政治臨調の学者メンバーの中核として活動の理論的支柱となった政治学者で東京大学教授（現・東大名誉教授）の佐々木毅は、既に八七年の著書『いま政治になにが可能か』（中公新書）で、八〇年代の米国からの市場開放要求などの「横からの入力」によって、戦後の官僚制を基盤にした政治体制は変更を余儀なくされていると指摘し、政治が責任を持って判断する「政治の集中」への転換を主張していた。

政治問題特別委員会の流れを継いで、八九年には「政治改革フォーラム」が発足、九一年には「政治改革推進協議会（民間政治臨調）」となり、具体的な提言を行って国会議員らによる政治改革の動きを民間から後押しする運動体となっていく。民間政治臨調は九九年に「新しい日本をつくる国民会議（二一世紀臨調）」へと改組。さらに二〇〇三年に体制を改めて新しい「二一世紀臨調」として活動を続けたが、「一定の役割を果たした」として一〇年から活動を休止している。

政治改革関連法の成立

政治改革はその後、自民党の最大派閥・竹下派内の権力闘争と結び付き、政局の焦点となる。海部政権は一九九一年八月、政治改革関連法案を国会に提出したが、反対派の国対委員長・梶山静六らによって廃案とされ、首相の海部は退陣。竹下派の後継会長争いに敗れた元幹事長・

小沢一郎は政治改革推進を掲げ、反対する勢力を「守旧派」と呼んで攻撃する。後継首相の宮澤喜一も「政治改革を進める」と発言するが党内をまとめきれず、自民党は分裂状態に陥る。野党によって提出された内閣不信任決議案が九三年六月一八日、小沢ら自民党議員の造反によって可決され、解散・総選挙に至った。

自民党が分裂した九三年七月一八日の第四〇回衆院選を経て、八月九日、日本新党の細川護熙を首相とする七党一会派による非自民の連立政権が誕生し、自民党は五五年以来の長期政権に終止符を打って下野するという〝大政局〟に発展した。

この間の政治改革論議でも、中心となったのは一貫して選挙制度だった。細川政権は連立の際の条件に小選挙区比例代表並立制への賛同を求めていた。当時、筆者が担当していた社会党も当初主張していたのは政治腐敗の根絶策や政治倫理の確立だった。だが、次第に選挙制度改革論議に重点を移し、社会党勢力が生き残れる制度への改革を探るようになる。社会党委員長の山花貞夫は細川連立政権に参画して政治改革担当相として入閣し、選挙制度改革に責任を持つ立場となった。一方、国対委員長から山花の後任の委員長に昇格した後の首相の村山富市（むらやまとみいち）は個人的には小選挙区制導入に反対しながらも、党の大勢に従っていた。

首相の細川自身は小選挙区制論者ではなく、「穏健な多党制」を主張していた。制度的には中選挙区で複数候補に投票する「中選挙区制限連記制」である。しかし、現実的には政権発足の際の連立の条件とした並立制の成立を一貫して目指していく。法案は参院本会議採決で社会党議員らの造反によって否決されるが、細川は小選挙区と比例代表の定数配分などで譲歩案を示し、自民党総裁・河野洋平とのトップ会談で修正に合意。政治改革関連四法は九四年一月二九日に衆参両院の本会議で可決、成立した。さらに細かな点を与野党協議で詰めて改正を加えた正式な政治改革関連四法は三月四日の参院本会議で成立した。

衆院の新たな選挙制度は、第八次選挙制度審議会の答申通りの「小選挙区比例代表並立制」で、総定数五〇〇のうち小選挙区に三〇〇、比例代表に二〇〇を配分。比例代表は全国を一一ブロックに分けた。また、政治資金規制では政治家個人への企業・団体献金は年間五〇万円を限度とし、五年後に禁止。公費から年間総額約三〇九億円を各政党に交付する政党助成制度も導入された。

衆院の選挙制度はその後、定数の削減が続き、二〇二二年時点では総定数四六五、そのうち小選挙区二八九、比例代表一七六である。小選挙区が約六二％、比例代表が約三八％と、制度の発足当初より小選挙区の比重が若干大きくなっている。

二　橋本政権による行政改革

「この国のかたち」を再考する

「我が国は、今、大きな転換期にあります。戦後五〇年余にわたり我が国の発展を支えてきた経済社会システムが、内外の環境変化の中で限界を露呈していることは申すまでもなく、これを二一世紀にふさわしいものに再構築しなければなりません」

「中でも、行政改革は焦眉の急であります。私は、行政改革の検討に当たって、まず、将来求められる国家・行政の機能を根本的に問い直すことが重要と考えており、その上で、複雑多岐にわたる行政課題に縦割り行政の弊害を超えて国民本位で的確かつ効率的に対応できる組織体制を作り上げなければならないと考えております」

首相・橋本龍太郎は一九九六年一一月二八日、自らが会長に就いて発足させた「行政改革会議」の初会合でこう表明した。

橋本は九六年一月一一日、社会党出身の首相・村山富市の突然の退陣表明の後を継いで、自民、社会、新党さきがけ三党の連立政権の首相に就任した。厚生、大蔵、通産相などを務め、自民党でも幹事長、政調会長を歴任した豊富な政治経験を持ち、「霞が関(官僚組織)で実務を担う課長補佐並みに政策に詳しい」と若干のやゆも込めて呼ばれる政策通でもあった橋本は、首相に就任すると内外の課題に取り組むための「変革と創造」を政権の使命として掲げた。

初めて小選挙区比例代表並立制で行われる九六年一〇月二〇日の第四一回衆院選に向けて行政改革に取り組む決意を示し、選挙を乗り切ると、行政、財政、社会保障、経済、金融システム、教育の六分野にわたる「六大改革」を進めると表明した。そして、最大の課題と定めた行政改革に着手する。有識者を集めた「行政改革会議」を設置し、九七年一二月三日まで五〇回を超える会議で、橋本はワイシャツの袖を腕まくりしながら自ら議論を主導し、「最終報告」をまとめた。

最終報告のキーワードは「官邸主導の戦略的・機動的な政策決定」「国民への説明責任の徹底」と言える。

最終報告は作家・司馬遼太郎の随筆「この国のかたち」の題名を引用し、「日本と世界の未来像を胸に抱き、われわれが生きるこの国と社会を少しでもその理想に近づけるように試みること、すなわち、「この国のかたち」を見つめ直し、その再構築を図ることが、今日最もわれわれに求められていることである。もはや個別の政策・制度改革のときではなく、戦後のわが国の社会・経済システム全体にわたる大転換こそが必要な時期である」と謳っている。そして、橋本行革の目的として、

一　内閣・官邸機能の抜本的な拡充・強化を図り、中央省庁の行政目的別大括り再編成によ

り、行政の総合性、戦略性、機動性を確保すること

二　行政情報の公開と国民への説明責任の徹底、政策評価機能の向上を図り、透明な行政を実現すること

三　官民分担の徹底による事業の抜本的な見直しや独立行政法人制度の創設等により、行政を簡素化・効率化すること

を挙げた。

内閣機能の強化

最終報告は、第一章「行政改革の理念と目標」で、縦割り行政の弊害や官僚組織の肥大化を挙げて、「価値選択のない「理念なき配分」」という惰性の行政ではもはや対応できなくなっていると指摘。「総合性、戦略性」「機動性」「透明性」「効率性、簡素性」という目標を掲げ、「常に時代の要請に機動的かつ弾力的に応え得る、柔軟な行政組織を編成」する必要性を強調した。

この最終報告が示しているのも、国際情勢の激変と右肩上がりの経済成長の終焉に伴うさまざまな課題に対応できる行政機構への改革が必要になっているという認識だ。また、社会の成

熟化に伴う国民の価値観の多様化に行政が対応する必要性も指摘している。

最終報告は同時に、行政の透明性の確保の観点から「行政情報の公開と国民への説明責任の徹底を図る」とも言及した。これも、第八次選挙制度審議会の答申から一貫して共通する「責任の帰属の明確化」に関わる問題認識と言える。

行革会議の議論の中でメディアが注目し、報道の中心となったのは中央省庁の再編だった。一府二一省庁をどう再編し、新省庁の名称はどうなるのかに報道の関心は集中した。最終報告は一府一二省庁に再編することとし、これに基づいて成立した中央省庁等改革基本法で、自治、郵政両省と総務庁を一体化する「総務省」や、建設、運輸、国土、北海道開発の各省庁を整理・統合した「国土交通省」などの新省庁への再編が決められる。

しかし、最終報告の内容で、その後により大きな影響を及ぼしたのは、冒頭の「目的」の項でも筆頭に掲げた「内閣・官邸機能の抜本的な拡充・強化」だった。「内閣機能の強化」は「理念と目標」に続く第二章に置かれており、行革会議も重視していたことが分かる。

内閣機能の強化の必要性に関して、最終報告は「行政事務の各省庁による分担管理原則は、従来は時代に適合的であったものの、国家目標が複雑化し、時々刻々変化する内外環境に即応して賢明な価値選択・政策展開を行っていく上で、その限界ないし機能障害を露呈しつつある」と指摘。その上で、「国政全体を見渡した総合的、戦略的な政策判断と機動的な意思決定をなし得る行政システムが求められている」と強調した。

この役割を担うのが「日本国憲法上「国務を総理する」」内閣であると位置付け、内閣が「行政各部からの情報を考慮した上での国家の総合的・戦略的方向付けを行うべき地位にある」として、その機能強化を打ち出したのだ。

内閣法の改正

具体的な強化策としては、(1)首相がその指導性を十分発揮できる仕組みの構築、(2)合議体としての「内閣」が実質的な政策論議を行い、トップダウン的な政策の形成・遂行の担い手となる、(3)省庁間の調整システムの要として機能できるよう「内閣」の機能を強化する――という考え方を示した。

それを制度化する提案として、首相の指導力強化のために(ア)首相の基本方針・政策の発議権の内閣法上の明確化、(イ)首相の行政各部に対する指揮監督に関する内閣法の弾力的な運用――を提唱。さらに、首相を補佐する「内閣機能」の強化策として(ウ)内閣官房は、首相の活動を直接に補佐・支援するため、調整だけでなく企画・立案を行う機関として総合戦略機能を担う、(エ)内閣官房の総合戦略機能を助け、省庁横断的な企画・調整機能を担うため内閣府を新設する――ことが提言された。

橋本行革の提言が実行されるのは、二〇〇一年に施行された中央省庁等改革関連法での内閣法の改正になる。内閣法四条を改正し、首相は自らが主宰する閣議で「内閣の重要政策に関する基本的な方針その他の案件を発議することができる」と規定。一二条では、内閣官房の事務として「内閣の重要政策に関する基本的な方針に関する企画及び立案並びに総合調整に関する事務」を明記し、内閣府も新設された。

首相は内閣のトップであり、閣僚の任免権を持つなど、その権限は強い。しかし、それまでは内閣の基本方針を示す権限が法的には担保されていなかったというのは盲点でもあった。この内閣法の改正によって、首相は各省大臣に任せるのではなく、自らが取り組む重要政策を決定し、内閣官房や内閣府を使って立案、法制化を主導することができるようになった。ここでのキーワードは「首相と内閣の権限強化による戦略的・機動的な政策決定」であり、「政治主導」「官邸主導」を制度化する統治機構改革だった。

ただ、最終報告が同時に「国民への説明責任の徹底」を強調していることも改めて確認しておきたい。「政治主導」という言葉は、政治が決定する「領域」を広げるという意味を持つ。その広がる領域の分だけ政治が決断の責任を負うべきであり、しかも、その決断について説明する責任も重くなるという認識が最終報告からは読み取れる。

三　公務員人事制度の改革

内閣人事局の新設

平成期の政治改革、統治機構改革では、国家公務員の人事管理制度も焦点の一つの課題となった。それまでの政策決定が「官僚内閣制」と呼ばれるほど官僚に依存していたことや、族議員と官僚の結び付き、省庁の縦割り行政などの弊害が指摘されるようになったためだ。一九九八年には当時の大蔵省の幹部官僚が銀行から過剰な接待を受けていた問題なども起き、官僚批判も強まっていた。

公務員制度改革でも根幹にあるのは政治、社会の課題が多様化、複雑化する時代に対応できる体制を構築する必要があるという、これまでの改革と共通する問題意識だ。硬直化した官僚機構ではもはやこうした課題に対応できなくなっているとして、政治が総合的、機動的に判断する体制を構築し、官僚機構も縦割りの弊害を排除して、政治の判断を補佐する体制に変えていくため、政治主導で人事管理も行うという考えが取り入れられた。

制度改革は橋本政権の行革会議が九七年五月一日にまとめた「中間整理」から始まっている。行革会議はその中で、内閣のリーダーシップ発揮の観点から各省の事務次官や局長などの閣議了解人事の「運用について十分配慮を行う」よう口頭で首相官邸に申し入れた。これを受けて橋本内閣は閣議で各省人事の新たな仕組みを決めた。各大臣が持つ各省幹部の任免権は残すが、発令前に人事案を内閣官房に報告し、正副官房長官で構成する「閣議人事検討会議」が事前に審査するというシステムだ。これによって、首相官邸が各省幹部の人事に深く関与することになった。

この仕組みが法制化されるのは、二〇〇八年の福田康夫政権になってからだ。福田政権は国家公務員制度改革基本法案を国会に提出する。当時は自民、公明連立の福田政権に対して、民主党など野党が参院で多数派を占める「ねじれ国会」だった。与野党協議によって修正、成立した基本法は、「縦割り行政の弊害を排除するため、内閣の人事管理機能を強化し、並びに多様な人材の登用及び弾力的な人事管理を行える」ようにすると明記。各省幹部の人事権は各大臣に残した上で、人事を行うにあたっては「任免は、内閣総理大臣及び内閣官房長官と協議した上で行う」とした。また、内閣官房に「内閣人事局」を設置することも盛り込んだ。

ここでのキーワードは「縦割り行政の弊害排除」のための「内閣の人事管理機能の強化」と言える。ただ、基本法の具体化は福田政権後の二度の政権交代で先送りとなり、第二次安倍政権で実現する。一四年四月一一日に成立した改正国家公務員法によって新設が正式に決まった内閣人事局は五月三〇日に設置された。

幹部候補者名簿

改正国家公務員法に基づく人事は、まず幹部官僚が職務上の能力を備えているかを首相が審査(適格性審査)し、審査に合格した「幹部候補者名簿」を作成する。幹部職への任命は名簿に載っている者の中から行い、各大臣は任命の前に首相、官房長官と協議すると定めている。さらに、必要があれば首相や官房長官の側から各大臣に任免について「協議を求めることができる」と明記し、首相官邸側からの積極的な関与を制度化した。また、内閣人事局の局長は「内閣官房長官を助け、命を受けて局務を掌理する」としている。

各省の大臣はほぼ毎年行われる内閣改造によって多くが交代する。第二次安倍政権のような長期政権になれば、各省幹部に関する情報は新任大臣よりも首相、官房長官の方が詳しくなっていただろう。内閣人事局の設置によって、首相と官房長官は中央省庁の幹部職員約六〇〇人の人事権を握り、官僚機構に強い影響力を持つことになった。

ただ、ここでも国家公務員制度改革基本法がその「基本理念」として、「政府全体を通ずる国家公務員の人事管理について、国民に説明する責任を負う体制を確立する」と「説明責任」を明記していることを確認しておきたい。

四　平成期の改革の「目標地点」

平成期の一連の改革で登場したキーワードを整理すれば、目指した政治体制は次のようなものになるだろう。

政治主導の確立と責任の明確化

最大の目標は、国内外の転換期のさまざまな課題に「戦略的・機動的」に対応するため、「政治主導」の政策決定の体制を確立することだ。そのために、有権者が「政党本位」「政策本位」の選挙で政権を選択する小選挙区制によって「民意を集約」した基盤の上に安定した政権を作り、「政治における意思決定と責任の帰属の明確化」を実現する。政治主導の中核となるのは首相であり、首相とそれを補佐する内閣の権限を強化して「官邸主導」の体制を作り上げるとともに、「内閣の人事管理機能を強化」して官僚機構は「縦割り行政の弊害を排除」して政策決定を補佐し、執行に当たる。

ただし、一定の「民意の反映」にも配慮するため選挙制度には比例代表制を加える。政治主導を担う政権は「国民への説明責任」を負い、政権が運営に失敗した場合は「政権交代」によって責任を取らせることで、「責任の帰属の明確化」を図るという政治体制である。

これが平成期の政治改革、統治機構改革が目指した「目標地点」だった。しかし、現状はそうなっているだろうか。確かに小選挙区制によって強い政権基盤が作られるようになり、首相に指導力を発揮する意思と能力があれば、政治主導、官邸主導で政策決定を行う体制は整備された。選挙による政権交代も二〇〇九年と一二年に二回、実現した。

しかし、一二年以降の「一強多弱」の状況はどう評価すべきか。官邸主導は「強すぎる首相官邸」となり、必ずしも民意に沿わない政策が行われている。国民の信頼を失わせる不祥事や疑惑が生じても、「説明責任」はないがしろにされ、政権のトップが責任を取るという「責任の帰属の明確化」は果たされていない。

制度化と非制度化のアンバランス

なぜ、こうした事態に至っているのだろうか。そこには制度化された「民意の集約」「政治主導」「官邸主導」に対して、制度的に担保されない「責任の帰属の明確化」という改革のアンバランスがあるからではないか。

「民意の集約」は小選挙区制の導入によって、「政治主導」「官邸主導」は内閣法や国家公務員法の改正などの法整備によって体制が整えられた。これに対して「責任の帰属の明確化」は、キーワードとしては掲げられたものの制度的には規定されていない。説明責任を果たすことや政権交代が起きることによって「責任の帰属の明確化」が図られるとされたが、それは時の政権の説明責任を果たそうとする姿勢や、政権交代を可能にする政党が存在する政治状況が前提条件になる。そうでなければ、「責任の帰属」は不明確になってしまう。その結果が「強すぎる首相官邸」「官邸独裁」とも呼ばれる政治体制につながっていったと言える。

次章では「官邸主導」がどう強化されていったのか、政治改革を通じて政党の執行部、特に自民党政権での党総裁・首相に権力が集中していった過程を振り返り、さらに、それがどういう政治状況を生み出してきたのかを検証したい。

第2章

総裁・首相はどのように強くなったのか

——集中する権力と驕り

経済財政諮問会議に出席する小泉純一郎首相と竹中平蔵金融・経済財政担当相＝2002年10月17日，首相官邸

「政党」とは「共通の原理・政策の実現のために、政権の獲得あるいはそれへの参与を企図する団体」(『広辞苑』岩波書店)と定義される。ただ、自民党は「五五年体制」の下では強い自律性を持つ派閥の「連合体」のような団体であり、共通の政策よりも各派閥が独自の政策を持つ「緩やかな政党」だった。派閥の領袖が競う総裁選での総裁・首相の交代は政権の基本政策の転換を伴い、「疑似政権交代」とも呼ばれた。

こうした自民党の姿を大きく変えたのが、細川政権による一九九四年の政治改革関連法だ。導入された小選挙区比例代表並立制によって、選挙では政党の看板が重要になり、候補者は党の公認を得ることが当選のための条件となる。その公認権は、総裁、幹事長を中心とする党執行部が握った。

政治家個人への政治献金の規制も強化される一方で、公費から党本部に支給される政党交付金が創設されたため、政治資金は党本部に集中し、その資金の配分権も執行部が握るようになる。その結果、総裁を筆頭とする党執行部の権限が極めて強くなり、中選挙区制時代に候補者発掘、資金の配分、人事の調整権を握っていた派閥の力は弱体化した。

ただ、その権限を駆使して「官邸主導」体制を築けるかどうかは総裁・首相の力量による側面が大きい。小選挙区制導入以降の首相で長期政権を築いたのは小泉純一郎と安倍晋三の二人だけだ。さらに小泉と安倍で、その手法は異なっていた。

一　小泉政権

小選挙区制反対派の変身

自民党内で「政治改革」を巡って対立が激しくなっていた一九九〇年代初頭に、選挙制度改革が党に及ぼす影響の重大さを的確に見抜いていたのは、改革に反対し、「守旧派」と呼ばれた政治家たちだった。選挙制度の改正後、その中から逆に改革の「成果」を大いに活用し、政局の主導権を握る政治家が現れる。

選挙制度改革に一貫して反対した梶山静六は、海部俊樹政権時代の九一年九月三〇日には国対委員長として政治改革関連法案を廃案にし、海部の退陣につなげている。その梶山は細川政権による政治改革関連法が成立した直後、「これで議員バッジに金、銀、銅バッジができる」と語ったことがある。「金」は小選挙区の当選者、「銀」は比例代表単独での当選者、「銅」は小選挙区で落選し、重複立候補した比例代表で復活当選した議員という意味だ。当選回数などでの「上下関係」はあっても、有権者に選出されたという意味では議員は「対等」だった中選挙区制時代から、小選挙区比例代表並立制の制度自体によって議員にランク付けが生じることになるという特性を梶山は見抜いていたと言える。二〇二一年一〇月の第四九回衆院選で、小選挙区で落選し、比例代表で復活当選した自民党の甘利明が幹事長を辞任せざるを得なかったように、比例復活組は「下」に見られるというランク付けの意識は議員の間に根強い。

その梶山は一九九五年、月刊誌『文藝春秋』七月号に寄せた論文で「どんな選挙制度にも完全な制度はない。私は日本における小選挙区制は、一党独裁政権の基盤となる制度にほかならず、今でも問題が多いと考えている」と批判している。ただ、梶山のしたたかなところは批判だけで終わっていない点だ。梶山はこの論文で「すでに次の総選挙が小選挙区制で実施されることが決まっている以上、この制度に基づく日本の政治、経済、社会の改造を、真剣に推し進めるしかない」と続けているのだ。

その言葉通り、梶山の制度への適応は素早かった。仕掛けたのは衆院選を見据えた党体制の構築だ。そのために自民党総裁選での橋本龍太郎の担ぎ出しに動いた。

自民党が下野した九三年七月一八日の第四〇回衆院選から二年がたち、次の衆院選が視野に入ってきた九五年夏。九月に実施される総裁選に向けて、梶山は橋本擁立に動き出す。当時、社会党の首相・村山富市を支える連立与党である自民党の総裁は河野洋平だった。次期衆院選は初めて小選挙区比例代表並立制で行われることが決まっている。梶山が取ったのは、「河野で次の衆院選に勝てるのか。国民的人気の高い橋本を党の顔にすべきではないか」と党内に向けて少しずつ声を広げていく「ささやき戦術」だった。橋本は豊富な閣僚経験を持つ政策通として知られ、さらに端正な容姿から女性に「龍さま」と呼ばれるほど人気が高かった。

小選挙区制では候補者の個人的な評価よりも、所属政党に対する支持が選挙全体のすう勢を決めると梶山は見抜いていた。そのために選挙の顔である総裁の人気が何よりも重要になる。「次の衆院選で当選を目指すのであれば、党のトップを国民に人気のある人物に代えるべきだ」というささやきは、再選を目指す議員心理に働き掛け、支持を集める戦術だった。橋本が最大グループである旧小渕派（平成研）に所属するという「数の論理」もあったが、梶山の戦術通りに、党内で橋本支持の声が大勢になっていく。河野は結局、総裁選に勝てないと判断し、出馬断念に追い込まれる。総裁選は無投票になるのを嫌って出馬した小泉純一郎との一騎打ちとなり、橋本が圧勝した。

橋本の総裁就任は、派閥の変質の先駆けとも言えるだろう。当時、総裁・河野の党改革によって派閥は解散したが、実態としては勉強会名目のグループとして残っていた。橋本は旧小渕派のエースと目されてはいたが、グループを率いていた訳ではない。領袖はあくまでも小渕恵三だった。

派閥は領袖が総裁の座を目指すために所属議員を増やし、その面倒を見てきたものだ。しかし、橋本は派閥のトップではないにもかかわらず総裁になった。派閥を率いずに総裁になったのは橋本以前では宇野宗佑、海部俊樹の二人だけ。それも緊急避難的な総裁だった。橋本の総裁就任は、総裁の条件が率いる派閥の数の力ではなく、選挙の顔という個人的な人気に変わったことの表れだった。

権力集中を批判した小泉

政治改革反対派として小選挙区制に異を唱え続けたもう一人の代表格が小泉純一郎だ。小泉は九〇年末に党が小選挙区比例代表並立制を導入する「政治改革基本要綱」を党議決定しようとしたのに対して、反対する有志議員らを集めて「政治改革議員連盟」を結成する。「小選挙区制導入より定数是正を優先すべきだ」と主張し、法案が国会に提出された後も反対運動を展開、中選挙区制に基づく衆院の定数是正案を独自に作成するなど改革反対を主張し続けた。

小泉は並立制に反対する理由として、⑴候補者の選定、比例代表の名簿の順位決定などを通じて党執行部に権力が集中する、⑵並立型の重複立候補では小選挙区で落選しても比例代表で当選させることができ、有権者の不信を招く、⑶選挙戦がさらに激しくなり、並立制はカネが掛からないという主張は保証されない――などを挙げている。

当時、自民党は最大派閥の竹下派(経世会)が牛耳っており、小選挙区制導入による執行部への権限集中は「竹下派支配」の強化を意味した。安倍晋三の父、晋太郎が率いた安倍派(清和会)の小泉が選挙制度改革に反対した背景には竹下派支配への抵抗の側面もあった。だが、小選挙区制導入の影響に関する分析は当を得ていた。

小泉の見立て通り、小選挙区制の導入によって選挙を巡る「権力」の所在は大きく変わった。まず立候補のためには、政党の公認を得る必要性が生じた。公選法も「政党本位」の選挙になるように改正され、政党公認候補と無所属候補の間で政見放送の扱いなど認められる選挙運動の内容に差を付けた。並立で組み合わされた比例代表制では、党の比例名簿の上位に登載されることが当選の必要条件となる。公認や名簿順位を決めるのは党執行部であり、必然的に党執行部に権限は集中した。資金配分権も党執行部が握った。

その権限を背景に総裁は閣僚指名などの人事権も握った。政治学者で大阪大学大学院准教授の濱本真輔の分析(『現代日本の政党政治』有斐閣)によれば、小選挙区制が導入された橋本政権以降、閣僚や政務次官、副大臣、大臣政務官について、「首相は派閥比例型人事よりも主流派優遇人事、反主流派冷遇人事を選択する傾向」が強まったという。小泉は選挙制度と政治資金制度の改革が党組織にもたらす変化を見抜いていた。そして二〇〇一年四月に自らが総裁・首相に就任すると、その権限をフルに活用していくことになる。

郵政解散

「既得権益にしがみつく自民党をぶち壊す」と党改革の断行を宣言して総裁に就任した小泉は永田町に新風を巻き起こした。総裁就任直後の記者会見で内閣と党役員の人事について「派閥にとらわれず、適材適所でやる」と明言し、参院への閣僚配分枠には手を付けなかったものの、各派閥の領袖に事前に諮ることなく人事を断行した。

政策決定でも、首相・総裁としての権限の強さを見せつけた。「聖域なき構造改革」を訴えた小泉は道路公団の民営化に取り組み、さらに郵政事業の民営化を政権の最重要課題に据えた。郵政事業の中核である全国特定郵便局長会は長年、選挙で自民党を支えてきた巨大組織であり、郵政民営化に対しては党内には反対論が強かった。だが、小泉は反対派を「抵抗勢力」と攻撃して主導権を握っていった。「郵政族」は伝統的に竹下、小渕、橋本派（経世会、平成研）の牙城であり、そこに切り込むのは小泉の一貫した反竹下派の行動だったとも言える。

郵政民営化関連法案の修正案が諮られた〇五年六月二八日の自民党の総務会は、案の定、反対論が噴き出した。総務会の決定は「全会一致」が慣例となっている。しかし、小泉の意向に従って、総務会としては初めて多数決で法案の了承を決定した。首相がその強い権限を振るった政策決定だった。

機動的な政策判断という面でも指導力を示した。例えば、イラク戦争への対応だ。〇三年三月二〇日、米国がイラク攻撃に踏み切ると小泉は直ちに米国支持を表明した。その判断の是非には議論があろうが、中選挙区制時代に湾岸戦争への対応で海部政権が右往左往したのと対比すれば、首相主導の政策決定のスピード感が鮮明に浮き上がる。

選挙での公認権を総裁が握ったことを決定付けたのが〇五年の「郵政解散」だった。政権の最優先課題に据えた郵政民営化関連法案は〇五年七月五日、衆院本会議で可決されるが、自民党から反対三七人、欠席・棄権一四人の造反が出て、わずか五票という僅差での可決だった。さらに八月八日の参院本会議採決では、自民党から反対二二人、欠席・棄権八人の造反が出て、賛成一〇八票、反対一二五票で否決される。参院での否決を受けて、小泉は同日直ちに衆院を解散した。「郵政解散」だ。

小泉は記者会見で「国会は郵政民営化を必要ないと判断した。郵政民営化に賛成するのか、反対するのか、これをはっきりと国民に問いたい」と表明。法案の衆院本会議採決時に反対した議員は公認せず、その選挙区に対抗馬として「刺客候補」を立てるという強硬措置を取った。反対派議員を抱える地元の県連からは反発の声が噴き出したが、小泉は非公認という「制裁」を貫き通した。中選挙区制時代ならば派閥が激しく抵抗しただろう。こうして小泉は小選挙区制下で構成される政権の基盤の強さ、公認権を握った総裁の権限を明確に示し、官邸主導の体制を確立していった。

一方で小泉政権は世論の反応に常に気を配りながら政権運営を行っていた。政務秘書官の飯島勲は首相記者会見のテレビ中継中、何の話題になれば視聴率が変動するのかを注意深く見ていた。国民が何に一番関心があるのか、政権の主張に耳を傾けているのかを常に確認しながら、優先的に取り組む課題を決めていく手法である。「トップダウンで政策を進めざるを得ない小泉にとって、国民にいかに政策の内容を直接訴えるかが重要だった」と飯島は振り返っている。国民に人気の高かった外相・田中眞紀子の更迭によって内閣支持率が落ち込んでいた〇二年九月には北朝鮮訪問を実現して支持率を回復するなど、「劇場型手法」で約五年五カ月の政権担当の間、一定水準の支持率を維持し続けた。

二　第二次安倍政権

小刻みな解散・総選挙

首相としての指導力を発揮したもう一人が、第二次政権の安倍晋三だ。自民党は二〇一二年一二月一六日の第四六回衆院選で、公明党と合わせて計三二五議席を獲得する圧勝を収め、民主党から政権を奪還した。首相に返り咲いた安倍は、二〇年九月一六日の退陣まで、連続在職日数で二八二二日という歴代最長の記録を作った。安倍が政権運営の教訓としたのが、わずか一年で退陣した第一次政権時代の失敗であり、その反省を基に強いリーダーシップをアピールする手法を築いた。

〇六年九月二六日に六五・〇%という高い水準の内閣支持率でスタートした第一次の安倍政権だが、郵政解散で小泉が非公認扱いにした郵政民営化関連法案の「造反組」を復党させたことをきっかけに支持率が低下。さらに閣僚の不祥事が相次ぎ、現職閣僚が自殺する事件まで起きる。こうした事態に的確に対処できなかった安倍は〇七年七月二九日の第二一回参院選で惨敗し、衆参ねじれ状態となった国会対応で政権運営に行き詰まり、就任からわずか一年で退陣した。

安倍はその反省から第二次政権に向けて入念な準備を整えていた。第二次政権スタートの起爆剤に据えたのが、経済政策アベノミクスだ。(1)大胆な金融緩和、(2)機動的な財政出動、(3)民間投資を促す成長戦略――の「三本の矢」を打ち出し、その推進のために日銀総裁には金融緩和に積極的な黒田東彦(くろだはるひこ)を起用した。アベノミクスは民主党政権時代に落ち込んでいた株価を回復させ、スタート直後の政権の支持基盤を固めることに成功した。

安倍が政権維持に使った戦略は「小刻みな衆院の解散・総選挙」である。参院選は三年ごとに定数の半分が改選される。安倍の政権復帰の時点では翌年の一三年から一六年、一九年に参院選が行われることになっていた。安倍はその間に解散・総選挙を入れ込んだのだ。

一三年七月二一日の第二三回参院選で非改選と合わせて与党で過半数を獲得し、「ねじれ国会」を解消して政権の基盤を固めると、一四年一一月に衆院を解散。一二月一四日の第四七回衆院選で自民党は二九〇議席と圧勝する。一二年一二月の衆院選からわずか二年での解散・総選挙だった。

さらに一六年七月一〇日の第二四回参院選でも勝利すると、翌一七年九月に衆院を解散し、一〇月二二日の第四八回衆院選で二八一議席を獲得して勝利。一九年七月二一日の第二五回参院選でも勝利を収め、首相に復帰以降、ほぼ毎年国政選挙を行い、五回連続で勝利した。一六年と一九年の参院選では衆院解散による衆参同日選挙も取り沙汰された。

「小刻みな解散・総選挙」という戦略には三つの効果が考えられる。一つ目は、「民意」に基づいて政権の基盤を再構築することだ。選挙で勝利すれば改めて有権者の信任を受けたとして、政権の基盤をもう一度固めることができる。参院選と併せてほぼ毎年の国政選挙で民意の支持を得たという「正当性」を背景に、安倍は「一強体制」を築いていった。

二つ目は、自民党内を制御する効果だ。党内でも予想されない時期に断行された衆院解散は「今度はいつ解散があるか分からない」という予測不可能な状態を作り出した。次の選挙でも再選を目指す議員らは、党の公認を得られなければ自らの再選が危うくなる。公認権を党執行部に握られた上、いつ選挙があるか分からない状況に置かれ、党内から政権に対する批判的な声はほとんど出なくなった。安倍は同時に人事権も活用した。約七年八カ月に及ぶ長期政権の間、副総理兼財務相に盟友の麻生太郎を、官房長官には調整能力に優れた菅義偉を据える体制を固定した。また、各派の領袖や幹部も閣僚、党役員で起用し、ほぼ「総主流派」と呼べる体制を構築し党を制御した。

三つ目は、野党を分断することだ。一つの選挙区で一人しか当選しない小選挙区制の下で自民党は公明党との選挙協力体制を築いている。これに対して野党側が複数の政党に分かれて候補者を立てれば、自公勢力が有利になるのは自明の理だ。野党側は候補者の一本化や選挙区調整を行ってきたが、調整には一定の時間がかかる。小刻みな解散は、野党側にその調整の時間的な余裕を与えず、分断させたまま選挙に突入することになる。その結果、野党側は複数の候補者が立って共倒れし、「多弱」の状態に陥った。

一四年の解散は消費税増税の先送りを理由に「アベノミクスを進めるか、止めるか」と問い、一七年は「進行する少子高齢化と弾道ミサイル発射を繰り返す北朝鮮の脅威から国民を守り抜く」として「国難突破解散」と銘打った。いずれも「解散の大義」が問われるものだった。解散から投開票日までの日数も短く設定。野党に選挙準備の時間を与えないだけでなく、有権者に十分な判断の時間も与えずに短期決戦を繰り返した。安倍が長期政権を築いたのはこうした手法に拠っていた。

国民を分断する政策

この間、安倍政権は看板政策を「アベノミクス」から「地方創生」「一億総活躍」「女性活躍」「全世代型社会保障改革」などと次々と変えて打ち出していった。ただ、その達成度は十分に検証されないまま看板は変えられた。外交では「米国第一主義」を掲げたトランプ大統領との良好な関係を築き、ロシアとの平和条約締結・北方領土返還交渉、北朝鮮による日本人拉致事件の解決に取り組む姿勢をアピールし、国民に期待を抱かせた。米国抜きの環太平洋連携協定(TPP)をまとめるなどの成果も上げて、政権の支持率は一定の高水準を維持した。

ただし、中長期的な課題である財政再建などへの取り組みには消極的だった。消費税率に関しては、就任前の民主党政権時代に民主、自民、公明の三党合意で決まっていた「社会保障と税の一体改革」に基づく八%への引き上げを一四年四月に実施した。しかし、一〇%への引き上げは一九年一〇月まで二度延期した。基礎的財政収支(プライマリーバランス)の黒字化の目標も先送りした。小刻みな解散・総選挙に見合う短期的な目先の政策目標を打ち出していく政権運営だったと言える。

一方、選挙と選挙の合間を縫うように、国論を二分する政策を進めていった。参院選で衆参のねじれ状態を解消した一三年末の臨時国会では、防衛、外交など安全保障に関する情報の保全を図るという目的の一方で、国民の「知る権利」や「報道の自由」を脅かす懸念が指摘される特定秘密保護法を成立させた。特定秘密保護法はこの年の参院選の重点公約には明記されていないものだった。だが、安倍政権は一〇月二五日に法案を国会に提出すると、衆院の特別委員会は約四六時間、参院特別委ではわずか約二二時間の審議で一二月六日に採決を強行し、成立させた。

全権委任されたかのような政権運営

一四年七月には「集団的自衛権の行使は憲法上認められない」とする従来の政府の憲法解釈を閣議決定によって変更。野党の隙を突いた年末の解散・総選挙で大勝した翌年、通常国会を九月まで九五日間大幅延長し、解釈変更に基づいて集団的自衛権の行使を解禁する安全保障関連法を九月一九日に成立させた。関連法の成立後は、大筋合意したTPPや一〇月七日に行われた内閣改造に伴う閣僚の所信を問うために野党が憲法五三条の規定に基づいて要求した臨時国会の召集に応じず、翌年一月四日の通常国会召集まで国会を開かなかった。

一六年の参院選でも勝利すると、その翌年の一七年六月には共謀罪の趣旨を盛り込んだ改正組織犯罪処罰法を成立させた。同じ一七年五月三日の憲法記念日には、改憲派の集会に寄せたビデオメッセージで「二〇二〇年に改正憲法の施行を目指す」と初めて明確に期限を区切って悲願である改憲論議を加速させる考えを表明。戦争放棄、戦力不保持を定めた憲法九条の一、二項を残したまま、自衛隊を九条に明記するという「自衛隊明記案」を打ち出した。それまで自民党内でも議論されたことのない改憲案を突然、持ち出したものだ。自民党はこれを受けて党内で具体的な改憲条文案の議論に入る。安倍の九条改正案には元幹事長・石破茂らが反対したものの、党憲法改正推進本部は安倍の意向に沿う形で九条と大規模災害時に権限を内閣に集中する「緊急事態条項」の新設、参院選の「合区」解消、教育の充実の四項目に関して「条文イメージ(たたき台素案)」をまとめた。党内には、安倍の意向に逆らって異論を唱える者はほとんどいなくなっていた。

安倍は小刻みな解散戦略によって、選挙で得た「民意」を背景に国民の中に反対意見が強い政策を推し進めた。しかし、この間の選挙で示された「民意」が、実は低い投票率の中での多数派でしかなかったことに留意すべきだ。棄権した人も含めた全有権者に占める自民党の「絶対得票率」は、安倍政権の五回の衆参の国政選挙を通じて二〇%前後しかない。この選挙結果が多くの国民の意思を代表していると言えるのかは疑わしい。自民党の「圧勝」は低投票率の下、衆院の小選挙区制や参院の選挙区制の仕組みで得票率よりも議席占有率が拡大されるという効果によってもたらされたものだ。

その現実に目をつぶり「全権委任」されたかのように政策を推し進めた政権運営は、政治に「民意」が反映されていないという思いを国民に抱かせたのではないか。それが「はじめに」の章で紹介したＮＨＫ放送文化研究所の調査で、「私たち一般国民の意見や希望は、国の政治にどの程度反映していると思いますか」という問いに「十分反映している」と答えた人がわずか「一・九％」しかいないという数字に表れていると考えられる。

「民意を集約」する小選挙区制の効果と、首相の権限強化によって確立された「官邸主導」の体制は安倍の時代に「強すぎる首相官邸」となり、その政策は民意を十分に反映せず、むしろ国民を分断する政治になっていった。

政治改革は「一定の民意の反映」も求めていた。その観点からはどう評価すべきだろう。経済状況を好転させたアベノミクスは経済界や投資家らの支持を得た。全世代型社会保障改革は、それまで政治が重視してこなかった若者や子育て世代を意識した政策だったと言える。経済界に賃上げを直接要請する「官製春闘」のように所得の再分配に取り組む姿勢も示した。ただし、これらの成果は十分には検証されてはいない。

「責任の帰属の明確化」がないがしろにされたのは言うまでもない。小刻みな衆院解散・総選挙によって野党を分断して「一強多弱」の体制を作り上げ、政権交代の可能性を潰していくことによって「責任の帰属の明確化」は形骸化していった。

権力の私物化

政権が長期になると、政権に絡む不祥事や疑惑が相次いで浮上する。「権力は腐敗する。絶対的権力は絶対的に腐敗する」という英国の思想家アクトン卿の言葉通りである。明らかになったのは学校法人森友学園と加計学園、首相主催の「桜を見る会」の問題など、強くなった首相の「権力の私物化」が問われた疑惑だった。

森友学園問題は、学校法人森友学園が取得した大阪府豊中市の国有地が約八億円も値引きされて払い下げられた問題だ。一七年二月に大幅値引きでの売却が明らかとなり、開校予定だった小学校の名誉校長に安倍の妻・昭恵(あきえ)が一時就任していたことで、値引きの背景に昭恵の関与や官僚の配慮があったのではないかと国会で追及された。

安倍は二月一七日の国会答弁で「私や妻が関係していたということになれば、まさに私は、それはもう間違いなく総理大臣も国会議員もやめるということ はっきりと申し上げておきたい」と断言した。財務省がこの答弁の直後に、決裁文書にあった昭恵の名前を削るなどの改ざんに着手したことが後の調査で判明する。近畿財務局の職員だった赤木俊夫さんは改ざんを強いられたとの手記を残して自殺している。

加計学園問題は、国家戦略特区制度による獣医学部の新設計画が学校法人加計学園を前提に進められたという疑いが持たれたものだ。特区の指定を行う国家戦略特別区域諮問会議は首相の安倍が議長を務め、加計学園理事長・加計孝太郎（かけこうたろう）は安倍の長年の友人だった。問題が明るみに出たのは、これも一七年の五月だ。安倍は新設計画を一七年一月に初めて知ったと説明したが、獣医学部が新設された愛媛県の文書には、一五年二月に安倍が加計と面会し、「そういう新しい獣医大学の考えはいいね」と話したと記されていた。安倍は面会を否定したものの、疑惑は払拭されていない。

「桜を見る会」は、首相の主催で毎年四月に「各界において功績、功労のあった方々」を招いて東京・新宿御苑で開かれていたものだ。第二次安倍政権になって招待者も予算額も増えていることが一九年に表面化。特に安倍の地元後援会会員らが多数招かれていることが判明し、「公的行事の私物化」との批判を受けた。さらに一三〜一九年には桜を見る会前日に都内のホテルで安倍後援会主催の夕食会が開かれ、出席者の会費の一部を安倍側が負担していた疑惑が発覚した。

これらの疑惑に関して安倍が直接指示したり、関与したりした証拠はない。しかし、安倍の周囲がその権力をちらつかせたり、関係者が安倍に忖度したりしたことは想像できる。だが、安倍やその周辺で関わった官僚らが、国会で根拠を示した上での丁寧な説明を行うことはなかった。

新型コロナ対策での躓き

権力を集中した安倍政権だが、「一〇〇年に一度の危機」という新型コロナ感染症への対応では民意の期待に沿わない対応を繰り返し、危機管理能力の欠如を露呈した。

二〇年一月に初めて国内で確認された新型コロナの感染者は、二月に入って増え始める。安倍は二月二六日に全国的なスポーツ大会や文化イベントの開催自粛を要請、翌二七日には全国の小中高校などへの一斉休校の要請を発表した。しかし、これらの対策は感染症対策の専門家会議に事前に諮っていない首相周辺の独断での決定だった。四月七日には東京都など七都府県に新型コロナ特別措置法に基づく「緊急事態宣言」を初めて発令する事態に至る。

最も批判を浴びたのは「アベノマスク」と呼ばれた布製マスクの配布だ。安倍はマスク需要に供給が追い付かない状況を見て四月一日、全国約五千万世帯に布製マスクを二枚ずつ配布することを決める。だが国民が求めていた現金給付などの支援策とのズレが指摘され、さらに一世帯二枚という中途半端な配布が国民の不評を買った。「アベノマスク」に混入していた不良品を回収する騒ぎも起き、家庭に届く頃には市中にマスクが流通するようになっているというピント外れの対策だった。

国民への現金給付策も迷走した。安倍政権は当初、減収世帯への三〇万円の給付を決定し、二〇年度の補正予算も編成した。しかし、自民党幹事長・二階俊博や公明党が強く反発。その結果、全国民への一律一〇万円の給付に政策転換された。予算を組み替えるという異例の対応だった。安倍は新型コロナ対策で有効な手を打てないまま、二〇年八月、持病の悪化を理由に辞任を表明した。

菅政権への交代

自民党は二〇年九月一四日、党大会に代わる両院議員総会で、安倍の後継総裁に官房長官・菅義偉を選出した。一六日に臨時国会で首相に指名された菅は就任記者会見で、「安倍政権が進めてきた取り組みをしっかり継承して、そして前に進めていく」と「安倍政治の継承・発展」を表明した。組閣でも二〇人の閣僚のうち一一人を安倍内閣から継続して起用し、さらに、安倍内閣でそれ以前に閣僚を務めた経験のある四人を以前と同じポストで再起用するなど、ほぼ「居抜き」による組閣を行った。

菅は小選挙区比例代表並立制が導入された一九九六年の第四一回衆院選で初当選した「小選挙区制世代」から初めて誕生した首相だった。また、自民党内で無派閥から初めて選ばれた総裁でもあった。無派閥の菅が安倍の後継に浮上したのは二〇一二年一二月から約七年八カ月という長期の第二次安倍政権の間、官房長官として安倍を支え、内閣全体の総合調整と危機管理をこなしたからだ。両院議員総会の投票では主要各派閥が菅支持で相乗りし、岸田文雄、石破茂の二人を大差で破った。

菅も安倍同様に「官邸主導」の政権運営を進めた。しかし、安倍と菅の政権には大きな違いがあった。それは菅が衆院選によって国民の直接の信任を得ていないという弱さだ。安倍は小刻みな解散・総選挙と参院選によって有権者の信任を何度も取り付けることで「一強体制」の基盤を補強した。菅も就任直後の内閣支持率が高い間に解散に踏み切ることが党内では期待されていた。それが、主要各派が相乗りで菅を支持した理由の一つでもあった。

しかし、菅は「まず仕事をしたい」と語り、新型コロナ感染症対策を優先することを理由に解散を先送りした。その菅もコロナ対応で後手に回り、支持率は低下していく。

菅は政権発足の際の基本方針に「感染対策と社会経済活動との両立」を掲げた。重点が「社会経済活動」にあったのは明らかだ。菅が就任する直前の二〇二〇年九月八日に内閣府が発表した二〇二〇年四〜六月期の国内総生産（ＧＤＰ）改定値は前期比七・九％減、年率換算では戦後最悪の二八・一％減と新型コロナのダメージの深刻さを示していたからだ。

しかし、感染症の抑制策が確立されていない中での「二兎を追う」対応は、感染症対策が後手に回り、行き詰まっていく。四月に成立した二〇二〇年度予算の第一次補正には、コロナで打撃を受けた観光事業を支援する「ＧｏＴｏトラベル」などの経済活性化策が盛り込まれていた。

菅は安倍政権の官房長官時代から観光業を地域活性化策の柱に据え、インバウンド政策を推進してきており、首相に就任すると直ちにＧｏＴｏトラベルを全国に展開する。しかし、感染はその後も拡大の波を起こす。政府の新型コロナウイルス感染症対策分科会が人出を抑制するためＧｏＴｏ事業の停止を求める提言を出すが、菅は「ＧｏＴｏによる感染者はごくわずかにすぎない」という説明を続け、一時中止を決定するのは二〇年の年末になってからだった。

緊急事態宣言の再発令や、法の不備が指摘された新型コロナ特別措置法の改正も遅れた。二〇年末の感染再拡大を受けて野党の立憲民主党や国民民主党は、地域を絞った緊急事態宣言の再発令を要求したが菅は応じなかった。年明け早々に東京都知事・小池百合子ら首都圏の知事の要請を受けて、ようやく一月七日に発令する。

特措法の改正は、二〇年秋の臨時国会中から野党が主張していたものだ。しかし、菅は野党が求めた臨時国会の会期延長を拒否し、改正案を議題とすることを見送った。ところが、国会閉会後に菅自らが特措法改正の必要性を言いだし始める。改正が成立したのは年明けの通常国会にずれ込み、二一年二月になった。

菅の新型コロナ対策は専門家の知見を生かさず、地方自治体との調整にも手間取り、野党の提案を受け入れることのない「官邸の独り善がり」の状態だった。その迷走を受けて、政権発足時には六六・四％と高い水準にあった内閣支持率は、二一年八月中旬には三一・八％と政権維持の「危険水域」と言われる三〇％を割り込む寸前まで落ち込んだ。

二一年七〜九月には安倍政権時代から一年延期された東京五輪・パラリンピックの開催に踏み切ったが、五輪期間中もコロナ「第五波」によって、医療体制は崩壊状態に陥った。菅の「官邸主導」も安倍同様、国民世論から乖離していった。

菅が力を入れたのは携帯電話料金の値下げや不妊治療への保険適用など結果が分かりやすい政策だった。行政のデジタル化にも取り組み、デジタル庁を新設した。しかし、やはり最大の課題は新型コロナ対策であり、後手に回った対策と丁寧な説明を欠く姿勢は国民の共感と理解を得ることができなかった。

岸田政権の軌道修正

二一年一〇月四日に発足した岸田文雄政権は、安倍、菅政権の躓きを教訓に、新型コロナ対応では先手を打つことで指導力をアピールしている。一一月末に新たな変異株「オミクロン株」が見つかると直ちに全世界を対象に外国人の入国を禁止。岸田は「大事なのは最悪の事態を想定することだ」「状況が十分に分からないのに慎重すぎるのではないか、とのご批判は、私が全て負う覚悟だ」と強調する。

また、批判を受けた政策は素早く軌道修正した。一八歳以下の子どもへの一〇万円納付を巡っては、現金とクーポン券による五万円ずつの支給に対して「事務経費が掛かる」と批判を受けると一括現金支給も可能にした。国土交通省が日本に到着する全ての国際線の新規予約受付を停止するよう航空会社に要請したのに対して在外邦人が帰国できなくなるとの指摘が出ると、すぐに要請を撤回。文部科学省がオミクロン株の濃厚接触者には大学受験を認めないというガイドラインを通知し、受験生に混乱が起きると岸田はこれも軌道修正した。

「特技は人の話を聞くことだ」という岸田は、二二年の年頭所感で「一度決まった方針であっても、国民のためになると思えば、前例にとらわれず、躊躇せずに、柔軟に対応する」と強調した。誤りを認めない頑なな政権運営で民意から乖離した安倍、菅政権を強く意識した対応だろう。発足当初五五・七%だった岸田内閣の支持率は、二二年一月下旬の調査でも五五・九%と横ばいの水準を維持している。

だが、岸田も安倍、菅政権時代の「負の遺産」に向き合おうという姿勢はみられない。森友学園問題を巡って、自殺した赤木俊夫さんの妻が国などに損害賠償を求めた訴訟で、国側は二一年一二月一五日、一転して賠償責任を認め、約一億円の賠償金を払うことで訴訟を終結させた。妻が求めた赤木さんの自殺に至る経緯は解明されないままだ。岸田はその後の記者会見で「真摯に説明を尽くしていく」と述べたが、その言葉とは裏腹に真相解明に蓋をする措置だった。菅が行った日本学術会議の任命拒否問題では、官房長官に学術会議側との対応協議を指示したが、任命拒否自体は「もう結論は出ている」として対応しない考えを示している。

岸田は柔軟なイメージで包みながら首相の権限を発揮するスタイルを目指しているように見える。だが、本当に自らが強調する「丁寧で寛容な政治」を進めているのか。説明責任を果たそうとしない姿勢は安倍、菅政権時代と同じだと言わざるを得ない。

チェック機能の弱体化

以上、述べてきたように、第二次安倍政権の間に「官邸主導」は「強すぎる首相官邸」となった。政権を引き継いだ菅もその体制を続けようとした。しかし、「強すぎる首相官邸」は権力の私物化を招き、新型コロナという危機への対応は後手に回り、打ち出す政策は民意から離れていった。

平成期の一連の政治改革、統治機構改革によって官邸の権限は強化され、国内外の課題に対処するための政治主導の体制が確立された。しかし、なぜそれが疑惑や民意との乖離につながっていったのかが重要なポイントとなる。権力の独走を許さず、誤った政策は修正し、民意に沿った政治を展開させていくためには、権力を常にチェックする仕組みが必要だ。しかし、首相官邸の権限強化の一方で、チェックする機能は弱体化し、権力の均衡が崩れたために官邸の独裁を招き、それが迷走につながっていったのではないか。

権力をチェックするべき機関と首相官邸の関係がどう変化し、チェック機能が弱くなったのかを次章以下で分析したい。

第3章

自民党の内実はどう変わったのか
——派閥の弱体化と物言わぬ議員

無派閥の菅義偉新総裁(右から2人目)を選出した自民党両院議員総会=2020年9月14日，東京都内のホテル

内閣は議会の多数派を占める政党に基盤を置く。このため内閣と政権与党が対立する関係になる状況は極めて限られた場合に起きるだけだ。ただし、「政高党低」とか、その逆の「党高政低」という言葉があるように、首相官邸と与党の力関係はその時々で変化する。与党が首相官邸の「独裁」を許さないよう抑制する場合もあれば、強い官邸の前に発言力を失う場合もあり得る。

平成期の一連の政治改革、統治機構改革では首相官邸の権限を強化する一方で、それに対応するような政党側の改革は進まなかった。自民党の派閥は弱体化し、小泉純一郎や安倍晋三のような「強い首相」の前では党側が沈黙してしまう状況が生まれた。それは政党や個々の議員が有権者の声を吸い上げ、政権の政策に反映させるという機能も低下させる事態を招いた。

一　派閥の変質

「党首独裁の防壁」の機能

かつての自民党の派閥は自律性が強く、党は「派閥の連合体」とも呼ばれた。その派閥を平成期の政治改革は直撃した。中選挙区制時代の派閥は、その領袖が総裁・首相を目指して勢力拡張を競い、選挙に候補者を立て、資金を支援し、閣僚ポストなどの人事も派閥の力関係で決められた。これに対して、先に述べた通り、長期政権を築いた小泉純一郎や第二次政権の安倍晋三は党執行部に集中した選挙の公認権、資金配分権、人事権を使って「一強体制」を作り上げた。公認権などを失った派閥は当然の結果として弱体化した。

ただし、派閥は今でも残っている。では、派閥はどう変質し、今残る機能は何なのか。

まず伝統的な自民党の「派閥」の活動とその効用を確認したい。古い本だが、自民党全盛期の「五五年体制」のまっただ中に実力派記者として活躍した渡邉恒雄(現・読売新聞グループ本社代表取締役主筆)が一九六四年に出版した著書『派閥』(弘文堂)は自民党の派閥の実態を詳細に分析したものだ。

渡邉はまず派閥の機能を⑴独自に事務所を持ち、構成員(国会議員、ときには前議員を含める)間の政治的、事務的連絡を図る、⑵独自に資金源を持ち、構成員に対し各種選挙や盆暮れの手当てをする、⑶各種選挙で、党本部とは別に独自に構成員をあらゆる面で応援する、⑷組閣・内閣改造・党役員・国会役員などの人事について、派閥の代表者が首相らと交渉し、猟官の窓口となる、⑸党首公選に際して、多くの場合、一致した提案を申し合わせ、派閥間の合従連衡工作を可能にする、⑹派閥のリーダーでなければ党首の候補者となることはできない――と整理している。メンバー間の情報共有、資金配分、候補者擁立と選挙活動支援、人事権、総裁選での結束と言い換えることができるだろう。

その上で、渡邉は派閥の効用を「政策討論を実際に可能に」し、「実力者を通ずる下意上達の機能も果せ」「党運営の能率化にも役立っている」とした。さらに注目したいのは、渡邉が効用の一つとして「派閥および領袖の存在が、党首独裁の有効な防壁となっている」ことを挙げている点だ。総裁選を勝ち抜いた総裁でも、党内の派閥のバランスに配慮しながら党運営を行う必要があり、それが総裁の「独裁」を制御する機能を果たしているということだ。

では、現在も活動を続けている派閥の機能は何なのか。二〇二一年九月の自民党総裁選時点での主要派閥は七派閥で、その勢力は共同通信社の集計では、細田派（九六人）、麻生派（五三人）、竹下派（五二人）、二階派（四七人）、岸田派（四六人）、石破派（一六人）、石原派（一〇人）だった。その後、細田派は安倍派に、竹下派は茂木派に、石原派は森山派に変わり、石破派は石破グループに組織形態を変えている。

政治学者で一橋大学大学院教授の中北浩爾(なかきたこうじ)は、かつての派閥の機能のうち重要なものとして、⑴総裁選での候補者の擁立と支援、⑵国政選挙の候補者の擁立と支援、⑶政治資金の調達と提供、⑷政府・国会・党のポストの配分――の四つを挙げる。そして政治改革を受けて、⑵と⑶

に関する派閥の役割は大きく低下して党本部に重心が移ったと指摘。(1)と(4)に関しても派閥の機能は減退していると分析(『自民党――「一強」の実像』中公新書)している。

派閥が(2)の国政選挙での候補者擁立と(3)の資金調達の機能を失った実態を鮮明にしたのが、一九年参院選の広島選挙区で当選(後に当選無効)した河井案里(かわいあんり)陣営の公選法違反(買収)事件だろう。改選二議席の広島選挙区で、党本部は岸田派の現職、溝手顕正(みぞてけんせい)に加えて無派閥の衆院議員、河井克行の妻で県議の案里の擁立を決めた。過去の自民党の得票からすれば、広島選挙区で自民党が二議席を独占するのは微妙だと見られていた。地元の広島県連は河井擁立に反対したが、党本部は二人目の擁立を強行して河井を公認。結局、現職の溝手が落選し、河井が当選する結果となった。

この選挙戦で党執行部は河井陣営に一億五千万円の資金を配分。他方、溝手に渡された資金はその一〇分の一の一五〇〇万円だったことが明らかになった。河井陣営に渡された資金のうち一億二千万円は政党交付金から出されていた。選挙での公認、資金配分でいかに党執行部の権限が強くなったかを示す典型的な事例と言える。

緩い人的ネットワーク

国政選挙の支援に関して言えば、派閥が勢力拡張のために候補者を立てるケースは若干ながら残っている。ただし、小選挙区の奪い合いになり、党内に激しい対立を招く。

二一年一〇月の第四九回衆院選では、東京一五区で選挙直前まで立憲民主党会派に所属していた柿澤未途と自民党元職の今村洋史がともに無所属で出馬。自民党は双方を推薦し、小選挙区で当選した柿澤を追加公認した。静岡五区では岸田派で自民党公認の吉川赳に対抗して、二階派に所属して自民党入りを目指した元民主党幹事長・細野豪志が無所属で出馬して当選し、その後、自民党に入党した。「政党本位」の選挙を掲げる小選挙区制では本来あり得ない異例の対応だ。

国政選挙の際の派閥による支援は、今でも続いている。党幹部や人気のある議員の応援日程は党本部が差配するが、各派閥もそれぞれ派閥幹部や秘書団などを自派閥の候補の支援に送り込んでいる。

(3)の政治資金では、派閥に所属するメリットとデメリットが指摘される。派閥によって対応は異なるが、党本部が配る活動資金に上乗せして資金を渡している派閥もある。一方で、派閥の重要な資金集めの場となっている政治資金パーティーを開く際には、所属議員に売りさばくパーティー券のノルマが課せられる。企業の側も低成長の時代に一枚二万円が相場のパーティー券を簡単には引き受けてくれない。売れなければ自分で費用を被ることになる。「ノルマが苦痛だ」という声は議員からよく聞く。

(1)の総裁選に関しては、派閥領袖が総裁の座を競うというケースは少なくなった。二一年九月の総裁選に出馬した四人の候補のうち派閥を率いていたのは岸田文雄一人だけだ。その前年、二〇年九月の総裁選では無派閥の菅義偉が勝利している。逆に、派閥の領袖が総裁選に出馬しない場合、(4)の政府・国会・党のポストの配分を期待して、勝ちそうな候補を派閥として支援することになる。

中北の四つの機能に五つ目を加えるならば、渡邊が一番目の機能として挙げた「政治的、事務的連絡を図る」、すなわち「情報の共有」だろう。各派閥は原則として毎週木曜日の昼に例会を開く。衆参両院の選挙で大勝した自民党は所属国会議員が膨れ上がり、当面の国会日程や審議の課題、人事の情報などを全員に均等、迅速に伝えるのは困難になった。そのため各派閥の例会の場や派閥幹部との面会、当選同期の議員間での連絡が情報を伝え、共有する手段になる。これが現在の派閥の日常的な機能と言える。

その結果、派閥の所属議員には「仲間意識」が生まれ、他派閥の議員よりも親密な関係ができあがる。このように、派閥は以前のような所属議員を支援する機能は弱まっており、情報交換などを通じて仲間意識を共有する集団の側面が強い。中北は「人的ネットワークとしての役割」は維持していると指摘している。

結束力の緩い「人的ネットワーク」であれば、派閥に所属するメリットは小さくなる。自分で選挙区の支持基盤を固め、再選を目指して活動できると考えれば派閥の支援は不要だ。パーティー券を売りさばくノルマを負わされることもない。人事も派閥に関係なく「一本釣り」が行われるのであれば、派閥内で年功序列、当選回数順で大臣や副大臣のポストが回ってくるのを待つよりも、政策提言や国会活動で目立ち、党執行部にアピールした方が得策だということになる。

この結果、自民党でも無派閥の議員が増えている。『国会便覧』(シュハリ・イニシアティブ社)の派閥認定で数えると、小選挙区制が導入された一九九六年の衆院選後は、衆院議員のうち無派閥議員は一四人(五・九%)だった。だが、二〇二一年八月時点では四七人(一七・〇%)に上っている。菅もその一人だった。

勝ち馬に乗る総主流派体制

派閥は結束力の緩い「人的ネットワーク」に変質した。では、今の派閥の行動原理は何を優先しているのか。それが表れたのが二〇年と二一年の総裁選だ。

安倍の後継として菅が圧勝した二〇年九月の総裁選では、主要派閥が雪崩を打って菅支持を打ち出した。まず、二階派が菅支持を決めると、出遅れた細田、麻生、竹下三派の会長がそろって記者会見して菅支持を表明するという異例の展開となった。菅は就任後、早期に解散・総選挙に踏み切ることが期待されていた。内閣支持率と自民党の支持率も一定の高水準を維持すると見られていた。そうであれば「選挙の顔」になる勝ち馬に乗って、選挙での公認、資金と選挙後の人事ポストの配分を受ける必要がある。各派閥は新総裁の持つ公認権、資金配分権、人事権に期待したと言える。

菅の退陣表明後の二一年九月の総裁選も選挙での顔が期待された。衆院議員の任期満了が近付き、新総裁を選んだ直後に衆院選が行われることは決まっていた。総裁選には世論調査で人気の高い行政改革担当相・河野太郎のほかに元政調会長・岸田文雄、前総務相・高市早苗、党幹事長代行・野田聖子の四人が立候補した。

選挙基盤が弱いと見られた若手議員からは、派閥で特定候補の支持を決定せず、自主投票を認めるよう求める声が出た。誰が選挙の顔になれば有利かで支持を決めるためだ。このため岸田派以外の主要各派は支持を一本化できなかった。最大派閥の細田派はベテラン議員には岸田支持が多いが、若手の一部は河野支持で動き、一方、派閥の実力者である安倍は高市を支持するという三分裂状態になった。河野が所属する麻生派は、河野を支持する議員と岸田を支持する議員に分かれ、「河野か岸田のどちらか」という曖昧な対応で支持の判断は各議員に任された。

しかし、一回目の投票で過半数を取る候補者が出ず、岸田が一票差で河野を上回って上位二人の決選投票になると、岸田の勝利が確実だと見た各派閥は岸田支持に一本化を図った。最終的には勝ち馬に乗るという動きは二〇年の総裁選と同じ構図と言える。

自民党職員で長く幹事長室長を務めた奥島貞雄は以前、「最近の総裁選は、とりあえず勝ち馬に乗って、新政権で少しでも有利なポストを確保したいという意図が働いた結果に見える。非常時にある国や自民党政治の将来を見据えて侃々諤々の議論が行われ、事態を打開するのに最もふさわしいリーダーを選択したとはとても思えない」と語り、「遅れては　ならじと走る　下級武士」という川柳を披露している。二〇年、二一年の総裁選も同じだと言えよう。総裁・首相の座を巡って激しく競うという派閥政治は姿を変え、勝ち馬に乗る「総主流体制」が形成されるようになった。

現在の派閥は「選挙の顔」になる総裁を選び、主流派としてポストの配分を受けることを目指して動く。その結果として、何が失われたのか。それが、渡邊が派閥の効用の一つとして挙げた「党首独裁の有効な防壁」である。領袖が総裁選に立って総裁・首相の座を競い合うのではなく、総裁選後のポストの配分や選挙での公認、資金の配分を期待して勝ち馬に乗るのであれば、「独裁」を制御することはできない。こうして「強すぎる首相官邸」を自民党の派閥が制御する力は失われた。

二　議員活動の変化

地域情報のフィードバック

「強すぎる首相官邸」は、個々の議員の活動にも影響を与えている。国会議員の日常の政治活動には、自ら地元の選挙区を回り、さまざまな支援者から話を聞くことや、支持団体から受ける陳情などを通じて、地域で今、何が課題となっているのかを把握し、あるいは政府の政策に対する評価を聞き、有権者の声を政権にフィードバックする役割がある。政権にとっては議員を通じて上がってくる「生の地域情報」を一つの材料として、新たな政策を立案したり、政策の軌道修正を図ったりする重要な「回路」になる。

しかし、安倍、菅政権時代はこの「回路」が目詰まりを起こしていた。議員の声を政策に反映する一つの場が党の政務調査会だが、安倍、菅政権では政策が官邸のトップダウンで決まり、事前に党側に諮られないこともあった。例えば、菅政権が新型コロナの緊急事態宣言中に酒を提供する飲食店に対して酒の卸販売業者や金融機関から圧力をかけようとして批判を浴びた際、自民党議員は「全く相談がなかった」と語っている。

議員が政権に選挙区の情報を伝える意欲も弱くなっていた。選挙の公認権を党執行部に握られている議員にとって、政権に厳しい情報を伝えるのは勇気がいることだ。特に高い内閣支持率を維持した安倍政権下で「安倍人気」の風に乗って当選してきた当時の当選一〜三回生議員が政権の決定に逆らうのは難しかった。九州ブロックのある小選挙区選出議員は「政府の政策に厳しい意見を言うと、国政を目指している地元県議の名前を挙げて『次の選挙で公認を差し替えるぞ』と言われた」と証言している。

ぶれない政治家と細る「回路」

菅政権では、菅の行動スタイルが「回路」を細くした。菅は官房長官時代、部下らに頼らずに自ら情報収集に当たり、首相になってからも新型コロナ禍中の二〇年一二月に幹事長・二階俊博らと多人数で会食して批判を受けるまでは、毎日、朝昼夜と自らが選んだ経済界、学者、メディア関係者らと会って情報収集に当たるスタイルを続けた。また、「たたき上げ」をセールスポイントとしてきた菅は「ぶれない政治家」を自負していた。

しかし、この菅流の政治スタイルは、自民党の議員が「生の地域情報」を政権に伝えにくくする状況を招いた。「ぶれない政治家」に対して、日頃の付き合いが少ない議員が公認を外される危険まで冒して厳しい情報を伝える気にはなれない。このため菅が情報を得たり、相談したりするのは当選同期組など一部の議員に限られた。菅は官邸で孤立状態になっていたと言える。新型コロナ対応で後手に回ったのも、議員からの情報、厳しい意見が官邸に寄せられなくなったのが一因だった。

岸田政権の権力の基盤は定まっていない。二一年九月の自民党総裁選では、政府と党の関係を巡る意見の対立があった。河野太郎が「国会で説明責任を果たすのは政府だ」として「政高党低」の関係を主張したのに対し、岸田文雄は「政府と党の関係は車の両輪であり、「政高党高」が在るべき姿だ」と反論した。

ただし、その後の衆院選で打ち出された選挙公約や、国会での所信表明、施政方針演説には岸田が総裁選で訴えた「令和版所得倍増計画」や健康危機管理庁創設などは盛り込まれなかった。政調会長・高市早苗は政策決定に関して「内閣で進める前に、自民党でしっかりと徹底的に審査を行わせてもらう」と述べている。岸田が一定の官邸主導体制を確立できなければ、河野の主張するように今度は責任の所在が不明確になりかねない。

三　手付かずの党改革

うやむやになった地方組織強化案

首相官邸と党の関係は時の首相によって変化するとしても、総裁を中心とする党執行部に権限が集中する体制は変わらない。それは党内の活発な議論を妨げるという弊害も招きかねないものだ。小選挙区比例代表並立制の導入によって党執行部に権限が集中することは、小選挙区制導入に反対した梶山静六や小泉純一郎の指摘からも分かっていた。そうであるならば、新制度に対応した党組織への改革が必須の課題だった。しかし、党改革は手付かずのままになっている。

自民党内にもかつて、その議論はあった。小選挙区制が党内で議論されていた海部俊樹政権時代の一九九一年五月に党の政治改革本部と選挙制度調査会が取りまとめた「制度改革に伴う党運営方針」だ。

運営方針は党執行部に権限が集中することを想定し、「党もまた大胆な衣替えが必要である」という認識を強調。「自由闊達な議論の保障」のための党組織の改革を打ち出している。

具体的には地方組織を強化して、政策決定と候補者の選定を地方組織から積み上げていくシステムの構築を提唱する内容だ。特に候補者選定では地域の声を優先させ、地方組織が候補者を選び出し、党本部の関与は手続き上の決定権だけに限っている。この方式であれば党執行部が公認権の全てを握ってしまうことはない。重要なのは、党執行部に権限が集中すると「自由闊達な議論」が失われてしまう恐れがあると自民党内で認識されていたという点だ。しかし、運営方針は総務会で党議決定されたが、その後うやむやになってしまった。

民間政治臨調も小選挙区制導入が決まる前の九三年五月に「新しい政党のあり方に関する提言」を行っている。提言は、政党としての一体性の維持と党運営での民主政とを両立させる必要があると指摘。候補者選定の手続きでは地方組織の整備を行うよう党組織の改革を求めた。これらの提案はその後も実現されないままだ。

抜本改革の必要性

岸田は二〇二一年九月の自民党総裁選で「自民党に厳しい目が注がれている」と強調し、総裁を除く党役員の任期を一期一年、連続三期までと区切ること、党役員への中堅・若手議員の登用、政治とカネの問題の丁寧な説明と透明性の向上――などを主張。「権力の集中と惰性を防いでいく」と表明し、一〇月の衆院選後に就任した幹事長・茂木敏充（もてぎとしみつ）に対して党改革を進めるよう指示した。しかし、岸田は総裁自体の権限の見直しには触れていない。

総裁選で当選一〜三回の議員が結成した「党風一新の会」は「党に驕りが生じている」などと指摘し、「政務調査会の改革」や「当選回数に拘らない人材登用」などの党改革を求める提言を執行部に申し入れた。しかし、若手議員の提言も党本部中心の改革にとどまっている。地方組織までを視野に入れた党組織の抜本的な改革にこそ取り組む必要がある。

第4章

なぜ政権交代は遠のいたのか
——野党の分裂と補完勢力

非自民の勢力が結集した新進党の結党大会＝1994年12月10日，横浜・みなとみらいの国立横浜国際会議場

「強すぎる政権」をチェックする最大の責務は野党にある。小選挙区比例代表並立制導入の際に強調された「責任の帰属の明確化」は小選挙区制によって「政権交代の可能性のある政治体制」へと変わることで担保されると想定された。政権を巡る政党間競争が高まれば、投票率の向上にもつながるだろう。

非自民勢力の間では「二大政党化」を目指す試みも続いてきた。確かに、二〇〇九年と一二年に政権交代は起きた。しかし、非自民勢力は再編、分裂を繰り返し、日本維新の会のように地方に基盤を置く第三極の政党も現れ、一二年以降は野党の「多弱」状態が続いている。

小選挙区制を中心とする選挙制度では、自民党と公明党が固い連携体制を組むのに対抗するため、非自民勢力も共闘を迫られてきた。しかし、社会が複雑になり価値観が多様化する中で各党の基本的な理念や政策が異なっていくのは当然である。その不一致を抱えたままの共闘は本当に有権者の理解を得られるのか。共闘を強いる選挙制度でいいのかを問い直すべきではないか。

一　「二大政党化」の幻想

非自民勢力の迷走

細川政権の選挙制度改革のキーワードの一つは「政権交代の可能性のある政治体制の確立」だった。かつて英国で長期政権を築いた保守党首相の「鉄の女」マーガレット・サッチャーが来日したとき、「健全な改革に必要なのは何か」と聞かれ、「政権交代が可能な野党だ」と答えたという。小選挙区制を柱とする選挙制度の導入では、政権が失敗した場合は次の衆院選の多くの小選挙区で敗北し、政権交代によって下野することで責任を取るという考え方が打ち出された。

小選挙区では一人しか当選しないというゲームのルールに従えば、政権交代を目指す非自民勢力が対抗するためには候補者を一人に絞り込まなければ勝ち目はない。非自民勢力も一九九四年の制度導入以降、政党の合併・合流や選挙での共闘など一つの「まとまり」に結集する試みを繰り返してきた。しかし、その試みは失敗の連続だった。その結果、多くの有権者が「自民党に代わって政権を担える政党が存在しない」という思い込みに至っているのが現状であり、政治そのものへの失望の一因にもなっているのではないか。

野党結集の難しさは、小選挙区制のためには大きな政党にまとまることが望ましいが、それを目的に合流すれば、今度は政党としての理念・政策が曖昧になり、内部に対立を抱え込んでしまうという問題に常にさらされることだ。

これまでの「結集」の試みを振り返ってみよう。

自民党に対抗する政党への結集は、新しい選挙制度の導入が決まった直後から始まっている。非自民の細川連立政権をつくった七党一会派のうち、新生党、民社党、公明党の一部、日本新党などは九四年一二月一〇日に「新進党」を結成した。主導したのは新生党の小沢一郎であり、九五年七月二三日の第一七回参院選では、比例代表で自民党を上回る票を獲得し、二大政党化が進むように見えた。

しかし、基本政策である外交・安全保障などで考え方の違いを抱えていた上に、小沢や海部俊樹、羽田孜らによる党首の座を巡る幹部間の対立も続いた。九六年一〇月二〇日の第四一回衆院選で議席を減らしたことで党は求心力を失って羽田らが離党。小沢は九七年一二月二七日、突然、解党してしまう。新進党は自由党、新党平和、新党友愛、国民の声など小政党に分裂する。基本政策の違いを抱えた「寄り合い所帯」ではなく、小沢が小政党であっても全権を握る「純化路線」を選んだ結果だった。

これに代わって野党再編の中核となったのが、新党さきがけの鳩山由紀夫や社民党(旧社会党）の離党者らで九六年九月二八日に結成された民主党だ。九八年四月二七日には新進党の解党を経て誕生した民政党や新党友愛などが民主党に合流し、衆参一三〇人規模の野党第一党となる。さらに二〇〇三年九月二六日、小沢の自由党を吸収する「民由合併」によって、民主党は拡大。〇三年一一月九日の第四三回衆院選で、自民党の二三七議席に対して民主党は一七七議席を獲得した。

〇五年九月一一日の第四四回衆院選、いわゆる「郵政選挙」では小泉純一郎が仕掛けた劇場型選挙の前に一一三議席と惨敗する。しかし、安倍晋三、福田康夫、麻生太郎と自民党政権の首相が一年で交代する混迷が続いたのに対して、民主党は「コンクリートから人へ」と生活者重視を前面に打ち出したマニフェスト（政権公約）を掲げて政治主導をアピール。〇九年八月三〇日の第四五回衆院選で三〇八議席を獲得して圧勝し、政権交代を果たした。

だが、民主党政権はすぐに政権担当能力の欠如をさらけ出す。マニフェストの看板政策だった「子ども手当」は半額でスタートするが財源を確保できずに満額支給を断念。沖縄県の米軍普天間飛行場の移設問題では、首相の鳩山由紀夫が選挙期間中に「国外、最低でも県外への移設」を主張したが、政権獲得後は代替の移設候補地を見つけられずに立ち往生となり、最終的には県外移設を断念。鳩山自身のカネを巡る問題も浮上し、一〇年六月に辞任する。後継首相には六月八日、菅直人（かんなおと）が就任した。

菅は「強い経済、強い財政、強い社会保障」を一体として実現するとして、一〇年七月の参院選に向けて「消費税率一〇%」への引き上げの検討を表明した。政権交代を実現した衆院選のマニフェストには無い増税案だった。七月一一日の第二二回参院選で民主党は議席を減らして参院の過半数を制することができず、「ねじれ国会」となる。党内は消費税増税に反対する小沢らとの対立が先鋭化。さらに一一年三月一一日、東日本大震災と東京電力福島第一原発事故が発生し、小沢ら反執行部派は事故対応も批判して、野党が提出した内閣不信任決議案に同調する動きを見せ、菅は退陣表明に追い込まれた。

一一年九月二日に菅の後継首相に就任した野田佳彦(のだよしひこ)は、社会保障財源のために消費税率の引き上げを主張。これに反対する小沢たちとの対立が続く。野田は「社会保障と税の一体改革関連法」で自民、公明との三党合意にこぎ着けるが、小沢ら離党者が相次ぐ中で自公両党に迫られて約束した解散に踏み切り、一二年一二月一六日の第四六回衆院選で惨敗、自民党の安倍に政権を奪われた。

政権交代のハードル

民主党政権が約三年三カ月という短命に終わった原因はどこにあったのか。複数の要因が絡み合っているが、ここでは三つを挙げたい。

一つ目は、マニフェスト（政権公約）が丁寧に積み重ねた議論を経ずに決定され、その中身が党内で十分に共有されていなかったことだ。生活者重視の政権公約を掲げながら、財源の手当てについては厳しく精査されておらず、菅はマニフェストに無かった消費税増税を持ち出し、党内対立を引き起こした。マニフェスト作成の段階で財源の手当てを問われた当時の政策担当者は「無駄な歳出のカットで捻出する」と説明していた。しかし、行政刷新会議による事業仕分けなどの手法で無駄な歳出の洗い出しに取り組んだものの、必要な財源を確保することはできなかった。沖縄県の米軍普天間飛行場の移設問題でも、首相の鳩山と外相や防衛相らの考えはすり合わされていなかった。やはり課題になったのは党内の政策の不一致だ。

二つ目は、「まとまる」という政治作法が民主党には欠けていたことだ。自民党は党内に異論があっても最終的に結論が出れば政権維持を優先して「まとまる」政党である。しかし、民主党は消費税増税などを巡って意見集約に膨大なエネルギーを注いだ上、結論が出ても従わない議員が対立を続けるという内紛を繰り広げた。何としても政権を維持するという重要な目標が共有されていなかった。

三つ目は、民主党自体の問題ではないが、日本政治の課題として「政権交代のハードル」が高かったということだ。民主党が政権運営から官僚を排除する対応を取ったことも一因ではあるし、米軍基地の移設問題などでは官僚が政権の意向に反する動きをしたとも指摘される。ただ、民主党は政権を取った場合の内閣の陣容などを固めずに選挙に臨んで勝利し、十分な準備もないまま政権をスタートさせた。

英国では官僚と政治家の接触は禁止されているが、総選挙前の一定期間は首相が認めた上で、野党議員と官僚の接触が許される。これによって官僚側も政権交代が起きた時の準備ができる。しかし、日本にはそうしたルールも慣行も存在しない。当時民主党政権の誕生に関わったある政治学者は「政権交代への段差が大きかった」と振り返っている。政権交代をスムーズに実行するためには、日本でもこうした準備期間の仕組みなどを考える必要があるだろう。

排除から分裂へ

下野した民主党はさらに迷走した。一六年三月に維新の党が合流して民進党に改称するが、一七年一〇月二二日の第四八回衆院選の直前に、東京都知事・小池百合子が新党「希望の党」を結成すると、民進党代表の前原誠司は同党からの立候補予定者は希望の党に公認申請して、希望から立候補するという方針を決める。しかし、小池は憲法観や安全保障政策で一致しない候補者は「排除する」と発言、民進党は分断状態に陥る。

希望への参加を排除された枝野幸男らは衆院選の直前に立憲民主党を立ち上げ、民進党は希望、立民、無所属と三分割される形で選挙に臨んだ。小選挙区制で野党が分裂して候補者を立てれば自公勢力が有利になるのは当然である。選挙では立民が五四議席を獲得して野党第一党になったが、自民党との議席数の差は大きく開いた。

枝野は「数合わせの再編は国民の理解が得られない」として、野党合流による勢力拡大路線を取らず独自性を貫いた。一方、民進党の残留組と希望の党が合流して国民民主党が結成される。一九年七月二一日の第二五回参院選後、野党再結集の動きが強まり、枝野も方針を変え、二〇年九月一五日、国民民主の大部分を吸収する形での新たな立憲民主党が結成された。しかし、国民民主党代表の玉木雄一郎らは合流せずに政党は残った。

非自民陣営は、一五年の安全保障関連法への反対運動をきっかけに結成された同法の廃止を求めるグループ「市民連合」の働き掛けで、二一年一〇月三一日の第四九回衆院選では候補者の一本化を行った。多くの選挙区で接戦に持ち込んだのは一本化の成果と言える。

ただ、支持組織の労働組合・連合は共産党系労組との長年の対立から立民と共産党との「共闘」には異を唱え、衆院選直前の一〇月六日に新会長に就任した芳野友子(よしのともこ)も「共産党の考え方は連合としては受け入れられない」と明確に反対を表明。支援体制に足並みの乱れが生じた。

立民は比例代表で公示前から二三議席減らす三九議席にとどまり、共産党も二議席減らした。投開票日前に共同通信社が実施したトレンド調査では、野党候補の一本化について「評価する」が四四・七%、「評価しない」が四八・五%と二分された。与党側が攻撃したのは日米同盟などを巡る共闘の政策の不一致だった。また、自民党は〇九年からの民主党政権の迷走を「悪夢の三年間」などと繰り返し、立民など野党が政権担当能力に欠けることを印象付けようとしてきた。イメージ操作は一定の効果を上げていると見られる。自公政権側に問題があっても非自民勢力が政権選択の選択肢となっていないのが現状であり、政権交代の可能性が遠のけば、政権へのチェック機能は低下せざるを得ない。

二大政党化は妥当か

小選挙区比例代表並立制や参院選選挙区の改選一人区という今の選挙制度を続けるのであれば、そのルールに則ってゲームに勝つための戦術を取らなければならない。非自民勢力の候補者一本化はそのための戦術である。しかし、大きな勢力にまとまろうとすれば基本政策の違いを棚上げせざるを得ず、政策が曖昧になるというジレンマから抜け出せない。

小選挙区比例代表並立制の導入時には「二大政党化」によって政権交代可能な政治体制が作られ、責任の明確化が図られるという見方があった。小沢一郎は政治改革論議のさなかの一九九三年に出版し、ベストセラーになった著書『日本改造計画』(講談社)で「選挙民が均質で、それほど思想的にかけ離れていなければ、競争原理からいって、選挙は具体的政策をめぐる二大陣営の争いになるだろう。その結果、国の基本理念を同じくする二大政党制が確立しやすくなる」と主張している。

しかし、「均質な選挙民」をどうやって二大陣営に分けるのか。六〇年代に九州・大分で自民党候補の選挙運動をつぶさに研究して以来、長年、日本政治を分析してきた米コロンビア大名誉教授のジェラルド・カーティスは「現代の日本社会では、人種、民族、宗教、言語、階級のちがいによる政治的対立が比較的少ない。このような社会構造は、鮮明に立場の異なる二大政党を生み出しやすい土壌とは言いがたい」(『ジャパン・ストーリー』日経BP)と反論している。

導入された選挙制度も単純小選挙区制ではなく、比例代表制を加味する並立制になった。比例代表で中小政党が存在する道を残し、さらに政党助成制度によって一定数の議員が集まれば交付金を受け取ることができるため、少人数による政党結成も続いた。並立制導入に当たって民間政治臨調が求めたのは、完全な二大政党制ではなく、「穏健な多党化を前提とした「ソフトな二大政党制」もしくは「二大政党ブロック制」」だった。

過去の選挙を振り返ると、第一党と第二党を合わせた議席占有率(表1)は、選挙制度改革前の八三年からの四回の選挙が七一%、七五%、八〇%、五七%だったのに対し、改革後の九六年以降の九回は七九%、七五%、八六%、八五%、八九%、七三%、七六%、七二%、七六%となっている。二〇〇〇年代の初めは第一党と第二党で九〇%近い議席を占める状態が生まれたが、一二年以降は選挙制度改革前とあまり変わらない水準になっており、特に第一党と第二

表1　衆院選での第1党と第2党の議席占有率

年	定数	第1党	議席数	第2党	議席数	計	議席占有率(%)
1983	511	自民	250	社会	112	362	71
1986	512	自民	300	社会	85	385	75
1990	512	自民	275	社会	136	411	80
1993	511	自民	223	社会	70	293	57
(小選挙区比例代表並立制の導入)							
1996	500	自民	239	新進	156	395	79
2000	480	自民	233	民主	127	360	75
2003	480	自民	237	民主	177	414	86
2005	480	自民	296	民主	113	409	85
2009	480	民主	308	自民	119	427	89
2012	480	自民	294	民主	57	351	73
2014	475	自民	290	民主	73	363	76
2017	465	自民	281	立憲民主	54	335	72
2021	465	自民	259	立憲民主	96	355	76

＊総務省の「結果調」を基に筆者作成

党の議席数の差が大きい。政権交代を視野に入れた「二大政党化」が進んだと言うのは難しいだろう。「一強多弱」と呼ばれる体制は、むしろ中選挙区制時代の自民党と社会党による「一か二分の一体制」に近い状態だ。チェック機能としての野党の力は弱くなっている。

小選挙区比例代表並立制は有権者の選択肢を狭めているという側面も否定できない。この選挙制度を続ける限り、野党勢力が糾合や候補者の一本化を目指すのは妥当な戦術だろう。しかし、一本化で候補者が絞り込まれた結果、一つの選挙区で二〜三人の候補者しかいないという状態に近付いていく。その中で「どの人も選びたいとは思わない」という有権者もいるだろう。それが最近の五〇%台という低投票率の一因になっているのではないか。

価値観の多様化が指摘される中で、政党の本来の理念・政策を棚上げにしてまで共闘を迫り、さらに有権者の選択肢を狭める選挙制度が妥当なのか。制度の在り方を見直す時期に来ているのではないか。

二　公明党

新進解党から自民との連立へ

自民党が政権を維持できているのは、党単独の実力によるものとは言い切れない。全国に組織を持つ支持母体・創価学会に支えられた公明党票が自民党候補を押し上げているからだ。公明党が比例代表で得る約七〇〇万という票を小選挙区の定数で割ると単純計算で一選挙区当たり約二万四千票になる。自民党には、この公明党票が加算されなければ小選挙区で勝てない候補者もいる。一方、公明党は小選挙区での候補者擁立を絞り、自民党候補を支援する代わりに比例代表で公明党に投票するよう働き掛けている。この選挙協力関係が定着し、「自公」という一つのブロック勢力として小選挙区制選挙で力を発揮している。

公明党は一九九三年の非自民七党一会派による細川連立政権に加わった後、九四年一二月、新生党の小沢一郎が主導した新進党の結党に参加した。ただ公明党は全面的に参加せず、「半身」の構えを取った。衆院議員と翌九五年の参院選で改選される参院議員は新進党に参加するが、非改選の参院議員と地方議員は「公明」という政党を作って残す「分党方式」だ。新進党の先行きが不透明だと判断したためだろう。その判断は正しく、九七年末に新進党が解党した後、分党していた旧公明党勢力は九八年一一月に「公明党」として再結集を果たす。

公明党が自民、自由両党との自自公連立に加わった九九年当時、自民党の小渕恵三政権は参院で単独過半数の議席を失っていた。官房長官の野中広務らはまず自由党を引き込み、その後、公明党にアプローチする。野中は「いきなり公明党との連立は難しかったので、自由党という座布団を間に置く必要があった」と述懐している。

自自公連立の正式合意の前に、小渕政権は公明党が主張していた「地域振興券」の発行で公明党を引き寄せると、九九年一月召集の通常国会では、新しい日米防衛協力のための指針(ガイドライン)関連法や国旗国歌法、通信傍受法など、従来ならば簡単に通らなかった法律を成立させた。こうした実績を上げた上で、九九年一〇月五日、正式に自民、公明、自由の三党連立政権が発足する。

それ以来、民主党が政権を奪った二〇〇九年から一二年までの野党時代も含めて自公両党は連携を続けている。自民党は一六年の第二四回参院選後に無所属議員を入党させて参院での単独過半数を回復、一九年の第二五回参院選で過半数を失うまでの約三年間は衆参両院で単独過半数を持っており、公明党と連立する必要性のない「過大規模連合」と呼ばれる状態にあった。にもかかわらず二〇年以上にわたって連立・連携を続けてきた背景には、自民党は選挙での公明党・創価学会票を頼りにし、公明党は政権与党として政策面で自分たちの要求を一定程度実現できるという「実利」があるからだろう。

補完勢力

ただし、その協力において公明党は本来の理念や主張を譲り、自民党政権の「補完勢力」になっているとも指摘される。

もともと自民党と公明党との理念や政策的な距離は近くはない。自民党の二〇一〇年綱領は「家族、地域社会、国への帰属意識を持ち、公への貢献と義務を誇りを持って果たす国民」を掲げている。個人よりも社会、国家を重んじる姿勢が明確だ。これに対して公明党は「大衆とともに」を立党の精神として「庶民の党」を掲げ、綱領では「国家、行政、社会はすべて国民＝生活者のためにあり、生活者に奉仕する」などと個人の尊重を打ち出している。

国家の根幹に関わる憲法の改正を巡っても、自民党は「自主憲法の制定」を訴え、戦争放棄、戦力不保持を定めた九条の改正も主張するが、公明党の基本姿勢は現行憲法を維持し、環境権など新しい条文を加える「加憲」だ。

その両党が連立を維持しているのは、先に述べた互いの「実利」があるからだ。しかし、一二年の第二次安倍政権以降、政策では公明党が譲歩している側面が目立つ。一五年に成立した安全保障関連法が解禁した集団的自衛権の行使を巡って、公明党は以前は「断固反対」と主張していたが、自公協議の結果、発動の要件に「存立危機事態」の規定を加えるなどの歯止めをかけたとして安全保障関連法に賛成した。共謀罪の趣旨を盛り込んだ改正組織犯罪処罰法やカジノを含む統合型リゾート施設（IR）整備法など、公明党や支持母体の創価学会内で当初、反対論もあった法律も成立させている。

森友学園や加計学園を巡る疑惑に関しても、公明党は政権に対して説明責任を果たすよう求めるものの、それ以上、具体的な対応を迫ってはいない。連立政権の中で「ブレーキ役」を果たすと言いながら、与党であることを優先して譲歩を続け、数の力で押し切る自民党政権の「補完勢力」となっているのが現実ではないか。「庶民の党」「平和の党」の存在意義が問われている。

小選挙区比例代表並立制という選挙制度を考えれば、非自民の各党が一つの「まとまり」になれないのに対して、自公両党は「勢力ブロック」を形成・維持し、ゲームのルールにうまく適応していると言うべきだろう。

しかし、一七年衆院選の公明党の比例代表の得票数は七〇〇万票を割り込み、一九年参院選の比例代表は約六五三万票とさらに減少した。八〇〇万票を目標に掲げた二一年衆院選では約七一一万票まで回復したが、これが上限ではないかとの指摘もある。

政策の違いがあっても連立を解消しない公明党を「どこまでも付いてくる下駄の雪」とやゆする声に対して、公明党幹部は「下駄の鼻緒だ。鼻緒が切れたら歩けなくなる」と反論する。しかし、比例得票数の動向は、自民党の補完勢力となって基本理念からかけ離れつつある党の現状への支持者の厳しい視線の表れではないか。

公明党が政策的には違いを抱える自民党を支えることで、政権交代の可能性を小さくしているのは確かだろう。それが政治の「責任の帰属の明確化」にマイナスに働いている側面は否定できない。

三　第三極政党

与野党への不満層狙う戦術

二〇二一年一〇月の第四九回衆院選では日本維新の会が公示前の一一議席から四一議席と大きく議席を増やし、衆院では第三党となった。選挙戦では各党が新型コロナ禍の中で分配政策一色になったのに対して、「規制改革による成長戦略」という違いを打ち出し、議員報酬・定数削減による「身を切る改革」を掲げて比例代表では公明党を上回る約八〇五万票を獲得した。自公政権に不満を持ちながら野党候補も支持できないという層を狙って議席を増やす戦術が奏功したと言える。ただ、四一議席は大阪市長・橋下徹が共同代表を務めた「維新の党」が一四年の第四七回衆院選で獲得した議席数と同じであり、維新勢力が以前よりも大幅に拡大したとは言えない。

自民党寄りでも明確な野党でもない「第三極」を目指す政党はこれまでもいくつか生まれては消えていった。それらの政党とは異なる維新の強みは、大阪府内で候補者を立てた一五小選挙区で完勝したように地域に固い基盤を持つことだ。一方、大阪以外の小選挙区で当選したのは兵庫六区の一つにとどまる。全国の多くの選挙区に候補者を立てることで、比例代表で票を集めて議席を増やしたが、今後、全国の小選挙区で大阪のように強固な地盤を開拓し、当選者を出せるようになるのか、また、国政のリーダーをどう作っていくのかは今のところ未知数だ。

政権交代を目指す全国区の政党になろうとすれば他党との候補者調整が必要になってくる。これまでのような選挙戦術は取れない。全国区政党を目指すのか、第三極のポジションを取り続けるのかで維新の先行きは大きく変わる。

対案型野党の限界

維新は政権に対して「是々非々」で臨むと主張し、自公政権の予算案などには反対する一方で、立憲民主党など野党勢力も厳しく批判する。憲法改正では教育の無償化など三項目を掲げて国会発議を急ぐよう自民党に要求。防衛費の増額や敵基地攻撃能力の保有など安全保障政策でも自民党と一致し、自民党よりもむしろ保守色を強く打ち出している。勢力を伸ばした維新がこれらの主張で自民党と協調すれば、「補完勢力」として自民党政権を安定させることになるだろう。

第四九回衆院選で三議席増やして一一議席を獲得した国民民主党も「対決より解決を選ぶ」として政策提言路線を取り国会対応でも野党国対委員長会談の枠組みから離脱を表明。これを受けて野党国対の共闘路線は崩れた。しかし、与党が絶対安定多数の議席を持ち、法案の成立を目指して結束している状況で、野党の「対案」が取り入れられる見込みはあるだろうか。「対案路線」には限界があると言わざるを得ない。

野党側が国会対応でもバラバラになれば、自公政権としては交渉相手が増え、有利になるのは確実だ。第三極政党が政権に対してどういうスタンスを取るのかによって、権力をチェックする力は大きく変わることになる。

第5章

なぜ国会は軽視されるようになったのか
——審議を嫌った政権

参院予算委員会でやじを飛ばす安倍晋三首相＝2017年3月24日

「強すぎる首相官邸」(行政府)に対する最も重要なチェック機関として位置付けられるのは国会(立法府)である。国会での法案や政策を巡る野党との論戦を通じて政権の課題、問題点が明らかにされる。また国政調査権などによる行政監視は立法と並ぶ国会の重要な役割だ。まさに平成期の政治改革、統治機構改革が掲げた「責任の帰属の明確化」を実現するのが国会という場であるはずだ。だが、現在の国会が審議と行政監視の双方の機能を十分に果たしているとは言い難い。

安倍、菅政権という「一強体制」の下で国会の機能がどう低下したのかを点検し、これまでの議論で置き去りにされてきた国会改革の課題を指摘したい。

一　国会審議の忌避

臨時国会召集を拒否

政権にとって国会は「厄介な場」であるに違いない。法案を成立させ、政策を実現するためには国会審議を乗り切らなければならない。ただ、後述する通り与党の事前審査によって法案の成立がほぼ確約されている日本の国会では、国会審議は野党の追及を一方的に浴び続ける場になる。不祥事や疑惑があれば首相はその追及をかわすのに体力を削がれる。歴代政権の内閣支持率を見れば、政権の発足当初は高い支持率があったとしても国会の会期中に次第に下落していくパターンが多い。このため安倍、菅政権は「できるだけ臨時国会は開きたくない」「会期も短くしたい」という対応を取った。

憲法五三条は臨時国会について「いづれかの議院の総議員の四分の一以上の要求があれば、内閣は、その召集を決定しなければならない」と明記している。議会での少数派の発言権を確保するための規定だ。第二次安倍政権の期間中、野党は二〇一五、一七、二〇年の三回、五三条に基づいて正式に臨時国会の召集を要求した。しかし、安倍政権は三回ともこの要求に応じなかった。五三条には「いつまでに召集しなければならない」という期限が定められていないためだ。

だが、自民党が野党時代の一二年四月に策定した「日本国憲法改正草案」は、五三条を改正し「要求があった日から二十日以内に臨時国会が召集されなければならない」という規定を盛り込んでいる。草案を解説した「Q＆A」は、この改正点について「党内議論の中では、「少数会派の乱用が心配ではないか」との意見もありましたが、「臨時国会の召集要求権を少数者の権利として定めた以上、きちんと召集されるのは当然である」という意見が、大勢でした」と説明している。「少数者の権利」を尊重すべきだというのが当時の認識だったのだ。政権に戻ればその主張を放棄し、召集要求を拒否し続けるのはご都合主義と言うしかない。

菅政権でも国会軽視の姿勢は変わらなかった。野党は安倍政権時代の二〇年七月に五三条に基づく臨時国会の召集を要求した。その後、安倍晋三は退陣し、後を継いだ菅義偉も首相指名を受けた臨時国会を三日間の短い会期で閉じ、所信表明演説も行わなかった。菅の所信表明が行われたのは政権発足から四〇日以上過ぎた一〇月二六日召集の臨時国会だった。

二一年の通常国会も、新型コロナ対策を盛り込んだ二〇年度の第三次補正予算案を処理するため与党内では年明け早々の早期召集が検討されたが、菅は一月一八日まで召集を遅らせた。通常国会は六月一六日、新型コロナの感染拡大で東京都などに緊急事態宣言が発令されている中で、会期を延長せずに閉じられた。

その後も感染が拡大する新型コロナを巡って、国会で審議が必要な課題が次々と出てきた。野党は生活支援策のための補正予算の編成や七月に発生した豪雨被害の対策を要求。散発的に開かれる閉会中審査では対応できないこうした課題に取り組むために立憲民主、共産、国民民主、社民の野党四党は二一年七月一六日に五三条に基づく臨時国会の召集を正式に申し入れた。全国知事会も都市封鎖（ロックダウン）のような強力な行動制限の検討を求めた。しかし、菅はこれに応じないまま九月三日に自民党総裁選への不出馬、首相退陣を表明した。菅の下での臨時国会は開かれないままの退陣だった。

自民党総裁選では各候補がロックダウンなどの法的措置の検討を主張した。総裁選で主張するのであれば、なぜそれ以前に国会を開いて対応するように自民党内で声を上げなかったのか。総裁選で勝利した岸田文雄も二一年一〇月四日に召集された臨時国会で首相に指名されると所信表明演説と各党代表質問だけを行い、予算委員会開催の野党要求は拒否して衆院解散に踏み切った。国会の審議を軽視した姿勢と言わざるを得ない。

権威を貶める態度

安倍は国会の権威を貶めるような態度も示した。一六年五月の国会答弁で「私は立法府の長であります」と述べるなど、行政府の長でありながら「立法府の長」という発言を繰り返し行った。これに対して民進党議員が質問主意書で「国会は自らのコントロールの下にあるとの認識ではないか」と政府に質している。政府の答弁書は「「行政府の長」の単なる言い間違いであることは明白であり、「国会は自分のコントロール下にあると思っている」等のご指摘は当たらない」と回答したが、安倍は同じ発言を何度か繰り返しており、単なる言葉の言い間違いとは考えにくい。自らが政権党の党首として立法府・国会まで支配下に置いているという意識が漏れた発言と見るべきだろう。

安倍は国会での議論を妨害する態度まで取った。野党議員に対して委員会の自席からやじを飛ばすという行為だ。一五年五月の安全保障関連法案の審議では、当時民主党の辻元清美に対して「早く質問しろよ、演説じゃないんだから」と何度もやじを飛ばし、審議がストップした。二〇年二月の衆院予算委員会では、これも辻元に対して「意味のない質問だ」と発言し、審議が紛糾した。まっとうな議論を成り立たなくさせる態度だった。

さらに、事実と異なる答弁も公式に確認されている。首相が主催する「桜を見る会」前日に開いた安倍後援会の夕食会の会費補塡問題で、衆院の調査局は一九年一一月から二〇年三月までの間に、安倍が少なくとも一一八回、事実と異なる答弁をしていたとの調査結果をまとめている。安倍は退陣後の二〇年一二月二五日に衆参両院の議院運営委員会に出席し、「結果として間違った答弁をすることになり、国会に対する国民の信頼を傷付けることになった。その政治的責任の重さ、痛感をしているところでございます」と謝罪したが、国会での「虚偽答弁」は本来、首相としての進退が問われるべき重大な問題だ。

菅は安倍のように国会の権威を貶めるような態度は取らなかったものの、事務的な答弁に終始し、丁寧な説明を避ける姿勢が目立った。二一年の通常国会では、菅の答弁が「短すぎる」との野党の指摘を受け、参院では議院運営委員長が政府側に改善を申し入れる事態となった。

二　実現しない国会改革

国対政治への批判

国会が開かれれば、その審議の中身が問われる。活発な議論が行われれば、それが行政府へのチェック機能として働くだろう。これまでの国会改革の議論でも審議の活性化策が何度も提言され、制度化もされた。しかし、その活性化策も現在は形骸化している。国会改革の経緯を振り返りたい。

リクルート事件を受けて自民党が一九八九年に策定した「政治改革大綱」は、選挙制度改革、政治資金制度改革などとともに「国会の活性化」の章を設けている。そこで取り上げられているのは、「国民に分かりやすい国会運営」という観点からの提言だった。国会運営が「国民に分かりにくい」と問題視されたのは、五五年体制下では、自民党と社会党が水面下での裏交渉によって国会審議の日程や法案採決を巡る取引を行っていたという「国対政治」への批判があったからだ。

国会の審議日程は本来、議院運営委員会や各委員会での理事間協議によって決められることになっている。しかし、実際には院外の非公式な機関である政党の国会対策委員会が話し合い、ポストとなり、国対間の取引には「国会対策費」など不透明なカネのやりとりもつきまとった。

自民党の政治改革大綱は「国会運営のわかりにくさ、審議の非能率ぶりは、国民の政治不信のおおきな原因のひとつとなっている。立法府にある者は、国民の負託に真にこたえる議会再生のため、国民の納得が得られるあらたな国会運営の方法を確立しなければならない」と強調し、(1)審議の充実と分かりやすい国会運営、(2)多数決原理の尊重、(3)能率的な国会運営の実現――を提起した。

さらに、国対政治の弊害を改め、委員会の独自性・自主性を発揮する必要があるとして、具体的には議員同士の自主的討議や議員立法の促進、野党が審議引き延ばしを図る一因となっている「会期不継続の原則」の見直しなどを提言している。

国会法六八条は「会期中に議決に至らなかつた案件は、後会に継続しない」と定めている。成立しなかった法案は次の国会には原則として引き継がれない。これが「会期不継続の原則」だ。議会は会期中に限って活動し、会期ごとに国会の意思は独立するものとして扱うという解釈から定められた規定とされる。しかし、この原則のために野党は対決法案の審議を時間切れに追い込もうとして審議拒否などの日程闘争で抵抗することになる。その結果、与党が会期末ぎりぎりに法案の採決を強行するという場面が繰り返されてきた。この原則を見直すよう求めたのだ。

議員同士の自主的討議などは、野党による政策の問題点の指摘を促し、内閣に対する国会のコントロールを強めるという効果が期待される。政策に国民の声を反映していく機会にもなり、国民と政治をつなぐ「回路」の機能を担うことにもなるだろう。

ただ、大綱には国会の行政監視の機能を強化するという視点はなかった。逆に「行政の停滞をもたらす予算委員会への全大臣出席の見直し」などの提言もあり、審議の効率化向上の観点が強調されている。

一方、内閣機能を強化した橋本行革の最終報告には国会改革の章はない。第一章の「行政改革の理念と目標」の中に「国会改革や司法改革も欠かすことのできない課題であろう」という記述があるだけだ。

民間臨調の具体的提言

政治改革を後押ししてきた民間政治臨調が九三年六月に発表した提言「民間政治改革大綱」は、国会改革に関して重要な提案を行っている。一つは、「議論する国会」の観点からの具体的な提言だ。

その内容は多岐にわたっているが、⑴政党と国会との関係の改善、⑵国会運営の見直し、⑶

自由論議など審議の活性化――などに分けることができる。

政党との関係では、法律に規定のない与党による「事前審査」と「党議拘束」の見直しを提言している。政府提出の法案（閣法）は事前に自民党の政務調査会で議論され、総務会の了承を経て初めて閣議決定され、国会に提出されるという慣行になっている。これは戦前からの歴史があり、一九六二年の池田勇人（いけだはやと）政権時代に当時の党総務会長・赤城宗徳（あかぎむねのり）が官房長官・大平正芳（おおひらまさよし）に対し、「法案提出の場合は閣議決定に先立って総務会にご連絡を願いたい」と書簡で伝えたことから定着したとされる。この「事前審査」は法律に根拠のない慣例である。

また、「党議拘束」は法案の総務会了承の段階で党所属議員に対して法案への賛否で一致した行動を取るよう縛りを掛けるものだ。これも党内の決まり事にすぎない。議会の多数派が、法案が国会で審議される前にその内容を了承し、賛否まで決定しているため、法案は国会に提出された段階で基本的に成立が確約されることになる。逆に言えば、国会審議で法案を修正することは困難になり、審議は各党の法案に対する見解表明だけの意味しか持たなくなる。

民間政治臨調の提案は、総務会の決定は単に与党として法案の提出を了解したという意味にとどめ、政府提出法案の修正は国会審議の場で行うよう求めている。また、党議拘束は選挙の公約などに掲げた政策などに絞るよう法案を仕分けし、党議拘束を掛ける段階も本会議採決という最終表決での投票行動の統一のためのものとし、委員会審査では議員の自由な行動を保障すべきだとしている。

国会運営の見直しでは、「通年国会」の実現と「会期不継続の原則」の廃止を主張している。通常国会の会期を延長したり、臨時国会を必ず開くようにしたりすることで実質的に年中国会が開かれている「通年国会」の状態にするとともに、会期不継続の原則を廃止することで、野党の審議引き延ばし、与党の採決強行という悪弊を無くそうというものだ。事前審査の緩和の提言と併せ、与野党が国会の場で法案を実質的に審議し、必要があれば修正を加え、一定の審議を積み重ねれば採決で結論を出すという「議論する国会」への転換である。ただ、会期不継続の原則の廃止が野党の最大の「抵抗手段」を奪うことになるとして、野党側から積極的に政策を提示して対抗できる仕組みを検討することも求めている。

自由論議に関する提言では、「国政基本問題委員会」（仮称）を設置し、その時々の国政課題について全議員が自由に参加して議論する場を設けるという案を提起している。

もう一つの重要な点は、二院制の在り方に踏み込んだことだ。民間政治臨調の提言は「衆参両院の基本任務と構成」を再規定すべきだと指摘し、衆院の任務は「政権の基盤をつくる」こととし、参院は⑴衆院の抑制と補完、⑵内閣・国政全般についての問題点と政策の提起を行う――と任務を切り分けている。その上で、参院は「政権の死命を制するような対応を慎むべきであり、また重要法案については否決より修正で対応する」よう求めている。

これらの提言は生かされず、多くの課題が手付かずのまま残っているのが現状だ。

国会審議活性化法

国会審議の活性化に向けた具体的な制度改革が実行されたのは、九九年七月二六日に成立した「国会審議の活性化及び政治主導の政策決定システムの確立に関する法律」(国会審議活性化法)だ。当時、自由党を率いていた小沢一郎は九八年の自民党との連立政権協議の中で、大臣に代わって官僚が答弁する「政府委員制度」の廃止や副大臣制度の創設で合意、これに基づいて法制化が進められた。小沢は細川政権時代の新生党代表幹事の頃から政府委員制度廃止などの基本構想を公表しており、議員同士による議論の活性化は、小沢の年来の主張だった。

活性化法の主なポイントは、(1)英国のクエスチョン・タイム(QT)にならって、与野党の「党首討論」を国会の場で行う「国家基本政策委員会」の設置、(2)政府委員制度の廃止、(3)政務次官に代わる副大臣、大臣政務官の新設——などである。副大臣が大臣に代わって国会で答弁することで、大臣を国会に拘束する時間を少なくし、行政執行に充てる時間を充実させるという狙いもあった。

活性化法の狙いを、衆院のホームページは「国会における審議を活性化するとともに、国の行政機関における政治主導の政策決定システムを確立すること」であると解説。さらに「国会審議の在り方と行政内部の政策決定過程は一見すると別の命題のようであるが、行政府において政治家が政策立案をリードし、それが国会における政治家同士の論戦を通じて立法化されることとなり、政策決定プロセスにおいて国民代表である政治家の責任を重視している点で表裏一体のものといえる」と説明している。政策決定の段階から副大臣ら政治家の関与を強め、さらに活発な国会審議を通じて立法化していくことで政治の責任を明確にするという狙いを強調したものだ。

しかし、国会の現状を見れば活性化法は形骸化していると言わざるを得ない。まず、原則として毎週開催するとされていた「党首討論」は現在ほとんど開かれなくなった。菅義偉政権下の二〇二一年の通常国会では六月九日に一回開かれただけだ。一九年六月の安倍政権時代以来、約二年ぶりの開催で、菅が党首討論に出たのは約一年間の在任中、この一回だけだった。

現在の党首討論は一回がわずか四五分間。野党が細分化されている現状では野党側の党首が三人も四人も討論に立つことになる。一人の持ち時間が約五分では、まともな討論が行えるはずがない。野党側も党首討論を開くよりも、首相が出席する予算委員会の基本的質疑などの場の方が長い質問時間を確保して政権を追及できるため、予算委を重視するようになっている。

立憲民主党代表だった枝野幸男は一八年五月の安倍晋三との党首討論後、「今の党首討論という制度はほとんど歴史的な意味を終えた」と記者団に述べた。これに応酬して安倍も同年六月の党首討論で「枝野氏の「演説」で感じたが、党首討論の歴史的使命は終わった」と発言している。

政府委員制度は廃止された代わりに、参考人として官僚を呼ぶ政府参考人制度が導入されており、官僚が答弁するという点では外形的には違いが分かりにくい。副大臣、大臣政務官制度は定着したが、やはり国会答弁では大臣の出席・答弁が求められている。

三　行政監視機能の低下

国会提出文書の改ざん

一方、一九九〇年代の一連の提言には国会の行政監視機能の強化を直接求める提案はなかった。「強すぎる首相官邸」の登場という事態は想定されていなかったと言える。小泉政権を経た二〇一〇年四月に民間の二一世紀臨調は「政権選択時代の政治改革課題に関する提言」を行い、その中で「行政監視機能の強化」を呼び掛けた。「政治家は与野党の枠組みを超えて」国政調査・行政監視に当たるべきだとし、特に少数会派の要求で行政が積極的に情報提供するよう「少数者調査権」の法制化を求めている。

内閣が議会の多数派である与党に基盤を置く以上、与党が内閣の問題点を追及するために憲法六二条の国政調査権を積極的に発動することは通常は考えにくい。このため少数会派の調査権を強めるべきだという提案だ。

　こうした中で起きたのが、学校法人森友学園の問題を巡る財務省の決裁文書改ざん事件だ。国有地の破格の値引きによる払い下げに関して「私や妻が関係していたなら総理大臣も国会議員もやめる」とした安倍の国会答弁の後、財務省理財局長・佐川宣寿（さがわのぶひさ）の主導で関係の決裁文書は改ざんされた。決裁文書は参院予算委員会に提出されたものだ。行政監視機能は、行政の側から偽りのない情報が開示されなければチェック自体が成り立たない。改ざんした文書を提出したということは、この機能の前提を崩してしまったことになる。

　公文書管理法は一条で、公文書は「健全な民主主義の根幹を支える国民共有の知的資源」であると位置付け、「主権者である国民が主体的に利用し得るもの」と定めている。公文書は民主主義、国民主権を成り立たせる基礎となる公共財だという定義を明確にしたものだ。その公文書の都合の悪い部分を書き換えた上で、主権者を代表する「国権の最高機関」である国会に提出したという行為は、民主主義の理念を二重に踏みにじる極めて悪質な事案だ。

　これまでの国会改革の議論を振り返ると、首相が国会で事実と異なる答弁をすることや、官僚が国会への提出文書を改ざんするという事態は想定されていなかった。「性善説」に依拠した議論には甘さがあったと言うべきかもしれない。

大島衆院議長の談話

決裁文書の改ざんが明らかになった一八年の通常国会では、陸上自衛隊の南スーダン派遣部隊の日報の隠蔽や、働き方改革関連法案の基礎資料となる裁量労働制の労働時間調査に関して、厚生労働省が前提条件の異なる調査を比較した不適切なデータを公表していた問題なども明らかになった。このため当時の衆院議長・大島理森(おおしまただもり)は国会閉会後、関係機関に反省を促す異例の談話を発表した。

「今国会を振り返っての所感」とする談話で大島は、(1)議院内閣制での立法府と行政府の間の基本的な信任関係に関わる問題、(2)国政に対する国民の信頼に関わる問題——が数多く明らかになったと指摘。「民主主義の根幹を揺るがす問題であり、行政府・立法府は、共に深刻に自省し、改善を図らねばなりません」と強調した。

大島は決裁文書改ざんなどの行為に関して、憲法の条文を引きながら「国会は、「国権の最高機関であり、国の唯一の立法機関」(憲法四一条)として、「法律による行政」の根拠である法律を制定するとともに、行政執行全般を監視する責務と権限を有しています」と指摘し、その国会が国民の負託に応えるためには、行政から正しい情報が適時適切に提供されることが大前提だと強調。文書改ざんなどの行為は「立法府・行政府相互の緊張関係の上に成り立っている議院内閣制の基本的な前提を揺るがすもの」だと断じている。

さらに「国政は、「国民の厳粛な信託によるもの」であり(憲法前文)、民主主義国家においては、国政全般に対する国民の信頼は不可欠」だとして、早急な原因究明や再発防止のための運用改善、制度の構築を求めた。国会改革の必要性にも言及し、「行政を監視すべき任にある国会」として国政調査権の実効性を担保するよう、各党が法改正も視野に議会制度協議会などの場で議論することを求めている。

大島の談話は内閣と議会の信頼関係が失われている現状を厳しく指摘しているが、その内容は当たり前のことばかりだと言うしかない。こうした談話を議長が出さなければならなくなるほど、国会軽視は深刻な事態に陥っているということだ。

ただ、この談話が発表されたのは七月二二日に通常国会が閉会した後の三一日になってからだった。大島は国会の開会中から「議長として何か言わなければならない」と周囲に漏らしていた。しかし、会期中に議長として内閣に厳しく向き合い、国会の行政監視機能を発揮させる指導力を示すことはできなかった。それほど首相官邸の権力は強いとも言える。

四　自由な解散権の問題

判断を回避した最高裁

先に述べた通り、首相・安倍晋三は第二次政権の期間中、二〇一四年一一月と一七年九月の二回、衆院解散に踏み切った。「小刻みな解散・総選挙」が政権を維持し、長期政権を築く仕掛けとなった。永田町では衆院の解散権は「首相の専権事項」とされる。だが情勢調査を繰り返し実施して自分たちの都合がいいときに「自由な解散権」を行使できるというのは、政権側にあまりにも有利ではないか。国会と内閣の関係では解散権の在り方も課題になる。

解散権を巡っては長年の憲法論議がある。憲法七条の「天皇の国事行為」の規定にある「内閣の助言と承認」に基づく解散は認められるのか。六九条の内閣不信任決議案の可決、あるいは信任決議案の否決の場合の衆院解散に限られるのかという議論である。最高裁は一九六〇年に、七条に基づく衆院解散を憲法違反だと訴えた「苫米地（とまべち）事件」の判決で、衆院解散に高度の政治性を認め、違法の審査は裁判所の権限の外にあるとする、いわゆる「統治行為論」に拠って判断を回避した。最高裁は高度に政治的な課題からは距離を置く姿勢が続いている。

これまでに六九条に基づく解散は四回だけであり、七条による政権に都合のいい解散が常態化しているのが現状だ。憲法の教科書とされる芦部信喜の『憲法』(岩波書店)も「現在では、七条によって内閣に実質的な解散決定権が存するという慣行が成立している」としている。ただ芦部は同時に「七条により内閣に自由な解散権が認められるとしても、解散は国民に対して内閣が信を問う制度であるから、それにふさわしい理由が存在しなければならない」と指摘する。

二〇一七年の衆院解散について、希望の党の議員が「内閣の自由な解散決定権が認められるとの見解か」「芦部の学説に対する政府の見解は」と問うた質問主意書がある。これに対する答弁書で政府は「個々の学説について見解を述べることは差し控えたい」と芦部説への言及を避けた上で、「実質的に衆議院の解散を決定する権限を有するのは、天皇の国事に関する行為について助言と承認を行う職務を有する内閣であり」「いかなる場合に衆議院を解散するかは内閣がその政治的責任で決すべきものと考えている」と七条に基づく「内閣の自由な解散権」を認める見解を改めて示している。

業績評価を断ち切る解散

政治的には、衆院解散の判断は政権にとって最も重要な決断であり、その時の情勢を見極める首相の「政局勘」が問われる最大の政治ドラマとも言える。一七年の衆院解散の際は、その夏の東京都議会議員選挙で地域政党「都民ファーストの会」を率いて圧勝した東京都知事・小池百合子が新党ブームを起こしかけた。当時の民進党が合流に動き、安倍自身が「解散した後で青くなった」と振り返った通り、自民党の敗北も一時、予想された。解散は「賭け」でもある。しかし、結果的には小池の戦略が失敗し、安倍は大勝を収めた。

繰り返しになるが、小刻みな解散・総選挙によって政権の正当性を確認する安倍の手法は、野党に選挙の態勢作り、候補者の選定・調整と政権に対抗する政策を練り上げる時間を与えない戦術だ。

二一世紀臨調は〇三年七月七日、総選挙に向けた「マニフェスト(政権公約)」作りを各党に呼び掛けた。これは聞き心地のいい言葉を並べた具体性を欠く「選挙公約」ではなく、政権を取った場合に任期中に実行しようとする政策のパッケージについて、(1)検証や評価が可能な具体的な目標(数値目標、達成時期、財源的裏付け等)、(2)実行体制や仕組み、(3)政策実現の工程表(ロードマップ)――をできるかぎり明確な形で盛り込んだ「国民と政権担当者との契約」として示すよう求めたものだ。

その上で、衆院選を「首相候補」「政権の枠組み」と「政権公約」の三点セットによって「政権を選択する選挙」と位置付け、政権を担う政党による「衆院選→組閣→政策決定・政策実施→業績・実績評価→衆院選」という「政党政治のサイクル」を作り上げるよう提唱した。具体的な達成時期を盛り込んだマニフェストを作成する以上、それは基本的に「四年」という衆院の任期を想定した提言だろう。政権政党は四年の間にマニフェストに掲げた政策の実現に取り組み、次の衆院選でその実績について審判を受けることになる。一方、野党は四年の間に政権に対抗する政策を練り上げて、次の衆院選で政権交代の選択肢として提示する責務を負う。

しかし、小刻みな解散・総選挙は、政権与党の公約の「実施」を任期の途中で打ち切り、「業績・実績評価」が十分に行われない状態で有権者に選択を迫ることになる。野党の側も対抗政策を練り上げることができなくなる。二一世紀臨調が目指した「政党政治のサイクル」を断ち切る手法とも言える。

「自由な解散権」を今後も認めるのか。政権の業績評価という観点からも検討すべき課題だ。

未完の国会改革

平成期の一連の政治改革には、国会改革がセットで実行される必要があった。審議の活性化や行政監視機能の強化が官邸機能の強化と併行して実現されていれば、「強すぎる首相官邸」をチェックし、制御することができたのではないか。しかし、国会改革は不十分なままで、むしろ安倍、菅政権は一方的に追及を受ける国会審議を忌避する対応を取った。政治改革が未完に終わっているのは国会改革が進まなかったことが大きな要因であり、国会審議の活性化と行政監視機能の強化に本格的に取り組まなければならない。

第6章

忖度官僚が出現した背景

——中立性を失った官僚機構

「森友学園」に関する財務省の決裁文書改ざんを巡り実施された参院予算委員会の証人喚問で挙手をする佐川宣寿元国税庁長官＝2018年3月27日

官僚機構の本来の役割は、専門的知識と政策を実行に移していく過程で把握する国民のニーズを踏まえ、政権に対して中立的な立場から政策の基礎的なデータや情報を提供し、具体的な法案や政策の選択肢を示すことだ。それに基づいて政治が判断し選択するという関係が「政治主導」の体制の基礎となる。同時に、中立的な政策提示は政権の過ちを正すという機能としても働くことになる。

平成期の一連の改革で官僚機構が対象となったのは、縦割り行政の弊害を排除して、政治主導で戦略的・機動的な政策決定を行う体制の確立が狙いだった。しかし、「政治主導」が「強すぎる首相官邸」となった結果、官僚機構が官邸の「下請け」となり、中立性を失っていった。政治が官僚機構をどう動かしていったのかを振り返りたい。

一　小泉政権と民主党政権

経済財政諮問会議と特命担当相

平成期の統治機構改革によって整備された組織・制度をいかに有効に使いこなすかは、時の首相の手腕にかかっている。政治主導の典型的な例として、二〇〇一年四月に首相に就任した小泉純一郎を挙げることに異論はないだろう。小泉は自らの主張を具体的な政策に落とし込む官邸主導の統治システム作りに取り組んだ。小泉が活用したのが、橋本行革の提言に基づいて内閣府に新設された「経済財政諮問会議」だ。

中央省庁等改革関連法で〇一年に設置された経済財政諮問会議は、首相が議長を務め、そのほか関係閣僚や民間人ら一〇人以内で構成する。その役割は、橋本行革の最終報告では「経済財政政策に関する総合戦略の具体化（マクロ経済政策、財政運営の基本、予算編成の基本方針等）」「上記のほか、国政上重要な個別事項に係る政策についての政府全体の一貫性、整合性の確保。例えば、社会資本の総合的な整備計画など」と定められている。予算編成という国家の根幹に関わる基本方針とともに、時の首相が自ら「国政上重要」だと考える個別のテーマについても、各省庁の枠を超えて主導するために活用できる会議になっている。

橋本行革による内閣府の新設とともに、首相は無任所の「特命担当大臣」を置くことも可能になった。それまでの行政組織は、各省庁による「分担管理原則」が基本だった。しかし、首相が特定の政策課題を定めて特命担当相とそれを補佐する事務局を置き、各省庁間の調整を進め、首相主導で具体案の決定と執行を進めることができる体制が整備された。

前任首相の森喜朗の時代には使われなかったこれらの仕組みを小泉は大いに活用した。経済財政担当の特命相に民間から慶應大学教授の竹中平蔵を起用、経済財政諮問会議で経済・財政運営の基本となる「今後の経済財政運営及び経済社会の構造改革に関する基本方針」（いわゆる「骨太の方針」）を毎年六月頃に決定し、予算編成の大枠を固める体制を敷いた。各省庁からの概算要求を財務省が査定するという従来の予算編成の前に、官邸主導で大枠を示すという予算編成方式の重要な転換だ。各省庁の官僚は予算獲得のために、財務省よりも首相官邸の意向に従うようになった。

小泉は政権の最重要課題に据えた郵政事業の民営化でも特命担当相を置き、これも竹中に任せた。ただ小泉が成功した背景には、省庁間のバランスを決定的には崩さなかったことがあるとも指摘される。政治学者で東京大学教授の牧原出（まきはらいづる）は、小泉の手法について「官邸が関心を向けた民営化と構造改革関連の一部の案件を除けば、官僚主導の政策形成が主流であった」（『崩れる政治を立て直す』講談社現代新書）と指摘。主要な省庁に大きな変更を与えず、「省間バランス」を維持しつつ各省庁にも政策イニシアティブの発揮を促したことが制度改革を円滑に進めたと分析している。

また、小泉は各省庁の中堅幹部の中からエース級とされる官僚を集め、官邸スタッフを強化した。首相官邸には当時、財務、外務、経済産業、警察の四省庁から首相の秘書官が出向していた。小泉の政務秘書官・飯島勲はこれに加え、秘書官を出していなかった厚生労働、文部科学、総務、防衛、国土交通の五省庁から人材を官邸に集めた。秘書官と「官邸特命チーム」と呼ばれたこのメンバーによって各府省庁との連携を取っている。後の第二次安倍政権の「官邸官僚」の中心が経産省出身者でほぼ占められたのとは異なる各省庁間のバランスにも配慮した手法と言える。

マニフェストに掲げた「政治家主導」

これに対して、官僚機構の使い方の失敗例として記憶されるのは、まず〇九年の民主党政権だろう。

「日本は、一四〇年前、明治維新という一大変革をなし遂げた国であります。現在、鳩山内閣が取り組んでいることは、言わば無血の平成維新であります。今日の維新は、官僚依存から国民への大政奉還であり、中央集権から地域・現場主権へ、島国から開かれた海洋国家への、国の形の変革の試みであります」

〇九年一〇月二六日、首相の鳩山由紀夫は臨時国会の所信表明演説でこう力説した。

政権交代を果たした〇九年衆院選のマニフェスト(政権公約)に「官僚丸投げの政治から、政権党が責任を持つ政治家主導の政治へ」を掲げた民主党の鳩山政権は、〇九年九月一六日の初閣議で決定した内閣の「基本方針」で「利権政治と、それを支えてきた官僚依存の政治システムからの脱却を目指します」と強調した。基本方針は「官僚主導・官僚依存から政治主導・国民主導へと刷新しなければなりません」「各府省に大臣、副大臣、大臣政務官を中心にした「政務三役会議」を設置し、常に国民の視点で政策の立案や調整を行います」と政務三役による政策決定の主導を打ち出している。

同日の閣僚懇談会で申し合わせた文書「政・官の在り方」では、「「政」は、国民を代表する立法権者として、責任をもって行政の政策の立案・調整・決定を担う」とし、一方で官僚機構については「「官」は、国民全体の奉仕者として政治的中立性を重んじながら、専門性を踏まえて、法令に基づき、主に政策の実施、個別の行政執行にあたる」「「官」は、職務遂行上把握した国民のニーズを踏まえ、「政」に対し、政策の基礎データや情報の提供、複数の選択肢の提示等、政策の立案・調整・決定を補佐する」と位置付けた。決定権者の政治家と中立的な補佐役の官僚という役割分担である。

この「基本方針」に沿って鳩山内閣は内閣官房に「国家戦略室」を新設するとともに、各府省間での政策・法案の最終調整の場であった「事務次官等会議」を廃止した。

だが、このマニフェストの冒頭に「政治主導」ではなく「政治家主導」という言葉が使われている点に注目したい。「政治主導」と「政治家主導」では意味合いが異なる。システムとして政治が主導するのか、個々の政治家が主導権を握って政策を決定していくのかの違いだ。なぜマニフェストでは「政治家主導」という言葉になったのかを当時、公約作りの担当者に尋ねたが、担当者は言葉の持つ意味合いの違いを認識していなかった。

しかし、実際に政権がスタートするとその言葉遣いの違いが現場に現れた。鳩山政権では各省庁の大臣、副大臣、大臣政務官の政務三役が自ら電卓をたたいて予算の精査の作業をするなど、まさに「政治家主導」の場面が展開された。政治の役割は最終的な決定の判断と責任を負うことであり、「政治主導」をはき違えた対応だったと言わざるを得ない。

進んだ情報公開

ただ、民主党政権の取り組みには評価すべき点もある。行政情報の公開だ。鳩山政権は内閣府に「行政刷新会議」を設け、各省の事業に対する点検、評価を行う「事業仕分け」を実施した。事業仕分けは公開で行われ、国民の高い関心を集めた。予算がどう使われているのかについて、それまで国民が関心を示したことはほとんど無かったと言える。税金の使われ方に無駄は無いのか、族議員や官僚の既得権益になっているのではないか。公開の場で予算の執行内容を明らかにし、国民の目を向けさせた取り組みは自民党政権にはできなかった新しい試みだった。

外務省では、外相・岡田克也の下で日米安全保障条約改定の際の「核持ち込みに関する密約」など四つの「密約」に関する省内調査が行われ、有識者委員会による報告書がまとめられた。こうした行政情報の公開の取り組みは、〇一年に施行された情報公開法やその後の一一年に施行された公文書管理法と併せ、行政情報公開の基盤となっていく。

二　第一次安倍政権の反省から復権へ

築いた「一強体制」

官邸主導の失敗例として、もう一つ挙げておくべきなのは二〇〇六年九月二六日に発足した第一次安倍政権だ。首相の安倍晋三は、首相補佐官を定員枠一杯の五人起用するなど官邸の体制強化に取り組んだ。事務の内閣官房副長官には長く霞が関を離れていた的場順三(まとばじゅんぞう)(一九五七年〈入省(庁)年、以下同〉、旧大蔵省)を、また政務秘書官にノンキャリアの官僚を抜擢するなど慣例を破る人事を行った。集団的自衛権の行使容認に向けて「安全保障の法的基盤の再構築に関する懇談会」(安保法制懇)を設置したり、直接的な表現は避けながらも「伝統と文化を尊重し、それらをはぐくんできた我が国と郷土を愛する」という文言で愛国心教育に触れた改正教育基本法を成立させたりするなど、自ら課題を設定し、官邸主導の政権運営をアピールしようとした。

しかし、日本版国家安全保障会議（NSC）を巡って官房長官・塩崎恭久（しおざきやすひさ）と安全保障担当の首相補佐官・小池百合子が主導権を争うなど官邸内の対立が露呈。霞が関に足場を持たない的場や政務秘書官らが機能しなかったこともあり、官邸主導は迷走し、わずか一年の短命に終わる一因となった。

第一次政権の反省を踏まえ、加えて「悪夢のような三年間」と繰り返し批判した民主党政権の失敗も教訓に「一強体制」を築いたのが一二年一二月二六日から約七年八カ月間の第二次安倍政権だ。

第二次安倍政権は発足時の一二月二六日の閣僚懇談会で、鳩山政権と同様に「政・官の在り方」と題する申し合わせ文書を決定している。政治と官僚の役割に関して、政策の立案・調整・決定は政治が責任を持って行い、官僚はそれを補佐するという位置付けは変えていない。ただ、文書の冒頭で「誤った政治主導を是正し」「相互に信頼の上に立った本当の意味での政治主導を確立する必要がある」と強調。「基本認識」の項目でも「「政」と「官」は、それぞれが担っている役割を尊重し、信頼を基本とする関係の構築に常に努める」と「信頼」という言葉を強く打ち出した。官僚を排除して政治家だけで物事を進めようとして政官関係を混乱させた民主党政権を意識したものであるのは明らかだ。

しかし、第二次安倍政権で「政と官」は信頼関係の上に成り立っていただろうか。

第二次安倍政権の政官関係の特徴の一つは、政策遂行のために人事権を使って官僚機構を首相官邸に従わせたことだ。もう一つは「官邸官僚」と呼ばれる首相側近の一部の官僚が政策決定を主導し、強い権限を発揮したことだ。そこには閣僚懇談会の申し合わせ文書で強調された「信頼」という基盤があったとは言い難い。

人事権による官僚支配

安倍は目指す政策目標の実現のために人事権を活用した。まず、憲法九条の解釈上、「保有するが行使できない」とされてきた集団的自衛権を巡る解釈変更のために内閣法制局長官の人事に手を付けた。一三年八月、解釈変更に前向きな外務省出身(一九七二年入省)の駐フランス大使・小松一郎を内閣法制局長官に起用して検討。小松は病気のために退任したが、後任長官、横畠裕介の下で一四年七月一日、閣議決定による憲法解釈の変更を行った。小松は外務省で国際法局長を務めた国際法の専門家ではあるが、内閣法制局の勤務経験はなく、長官は内閣法制次長から昇格するという慣例を破る人事だった。自らが目指す政策実現のためには省庁の長年の慣例も破って人事を断行する安倍の手法は霞が関の官僚組織に強い衝撃を与えた。

一四年五月三〇日に内閣官房に新設された内閣人事局は、官邸主導の人事を制度化し、決定付けたものだ。首相や官房長官は約六〇〇人の各府省庁幹部の人事を一手に握った。官邸の意向に異を唱えれば自らの昇進に影響すると考えれば、官僚は官邸に従うようになる。それにとどまらず、官邸からの指示が無くても官僚の側から官邸の意向を先取りし、くみ取って動く「忖度」が働くようになる。森友学園問題での「忖度官僚」が注目を集めた一七年、「忖度」は新語・流行語大賞に選ばれている。

安倍が影響力を及ぼした人事は本来、政権からの独立性が求められる機関にも及んだ。経済政策アベノミクスを推進するため日銀総裁に金融緩和に積極的な黒田東彦を起用したのをはじめ、最高裁判事の人事でも弁護士会などの推薦を受け入れる慣例を破って推薦以外の人物を任命した。NHKの会長にも政権の意をくむ人物が選ばれるなど、人事によって政権の周辺を固める体制を築いていった。

安倍は検察庁の人事にまで介入しようとした。二〇年二月七日に六三歳の定年を迎える予定だった東京高検検事長・黒川弘務（くろかわひろむ）（一九八三年、検事任官）の定年を半年間延長する閣議決定を一月三一日に行ったのだ。検察官の定年延長の前例はなく、首相官邸に近いとされていた黒川を、夏に交代が予定されていた検察トップの次期検事総長に据えるための異例の措置と見られた。政府が閣議決定直前に「定年延長は検察官に適用されない」とする従来の解釈を変更していたことも判明。元検事総長ら検察OBからも「政治は検察の人事に介入しないという慣例があり、これは「検察を政治の影響から切り離すための知恵」とされる」と指摘する反対意見書が法務省に提出されるなど批判が噴き出した。結局、安倍政権は検察官の定年延長を認める検察庁法改正案の成立を断念し、黒川は延長された定年を迎える前に、新聞記者と賭けマージャンをしていたことが発覚して辞職した。

官僚の引責退任

第二次安倍政権の後半には、安倍に近い人物が優遇を受ける「権力の私物化」が指摘される事案が相次ぎ、官僚が国会答弁で安倍を守るという場面が続いた。学校法人森友学園への国有地の払い下げ問題では、財務省理財局長・佐川宣寿(一九八二年、旧大蔵省)が、払い下げ価格の値引きに安倍の妻・昭恵の関与があったのではないかと追及する野党に対し、「法令に則って適切に売却処分している」「今回の対応は適切な対応であったと私どもは考えてございます」などと政権を擁護する答弁を繰り返した。佐川はその後、一七年七月に国税庁長官に昇格する。しかし、一八年三月、国有地払い下げに関する財務省の決裁文書が改ざんされていたことを朝日新聞がスクープ。佐川は国税庁長官として一度も記者会見すること無く、つまり国民から税を徴収する責任者という立場でありながら国民の前に出ることができないまま辞職した。

財務省は一八年六月四日、改ざんに関わった佐川ら二〇人に停職などの処分を行った。しかし、財務相の麻生太郎は閣僚給与一年分(国会議員報酬への上乗せ分一七〇万円)を自主返納しただけで続投した。財務省の調査報告書は、文書改ざんに至った理由について「国会審議が相当程度紛糾するのではないかと懸念し、それを回避する目的で改ざんを進めたものと認められる」としている。国会審議への影響を配慮したという理由は、まさに政権運営への「忖度」と言えよう。

国家戦略特区制度を活用した獣医学部新設計画に首相官邸が関与し、安倍の長年の友人である加計孝太郎が理事長を務める学校法人加計学園を前提に計画が進められたとの疑惑が持たれた問題では、文部科学省の記録文書に内閣府から「総理の意向」と伝えられたとの記載があった。獣医学部が新設された愛媛県の職員が首相秘書官・柳瀬唯夫(やなせただお)(一九八四年、旧通商産業省)と面会し「首相案件」と言われたとの内容の文書を作成していたことも判明する。一八年五月に衆参両院の予算委員会に参考人招致された柳瀬は加計学園関係者と面会したことを認めたが、「総理に対して報告したことも、指示を受けたことも一切ありません」と安倍の関与は否定した。首相秘書官から経済産業審議官に転じていた柳瀬は国会運営の混乱の責任を取る形で一八年七月、定年前に退任した。

こうした対応が繰り返されたことが、国民の官僚に対する信頼を失わせ、官僚機構の地盤沈下を招く要因となったと言える。

権力を握った官邸官僚

安倍政権の政官関係の二つ目の特徴は「官邸官僚」が力を持ったことだ。第二次政権で安倍の周囲を固めたのは第一次政権でも首相秘書官などを務め、その失敗を共に味わった経験を持つ者が中心だった。第二次政権は第一次政権の反省に基づく「リベンジ」が出発点だった。

第二次政権の「官邸官僚」の中核は、経済産業省出身の官僚だ。政務秘書官を務めた今井尚哉(一九八二年、旧通産省)は第一次政権では経産省からの出向組の秘書官だったが、第二次政権では政務全般を取り仕切る政務秘書官となり、一九年九月からは首相補佐官も兼務した。このほか首相補佐官兼内閣広報官・長谷川榮一(一九七六年、旧通産省)、四二歳の若さで首相秘書官に抜擢された佐伯耕三(九八年、旧通産省)らである。

今井は一七年五月、訪中した自民党幹事長・二階俊博に託された首相親書を書き換えたことで、外交・防衛を取り仕切る国家安全保障局長・谷内正太郎(一九六九年、外務省)と対立した。長谷川は日ロ首脳会談で合意した北方領土での「共同経済活動」を担当した。本来は外務省が担うべき仕事だろう。

霞が関の官僚は省庁によって個性があると言われる。政治学者の牧原出は、経産省の前身の旧通産省について「斬新なアイディアを提示する官僚集団」と規定している。その上で、「この官僚集団は必ずしも省組織として一丸となって行動するわけではない。また他省と連携するよりは、アイディアの魅力で与党と政府幹部ひいては政界を縦断し、賛同者とともに他省を統制するというスタイルをとる。他省からは相当に警戒されるが、それに構わず前進するのがこの省の特性である」（前掲書、表記は原文のママ）と解説している。

その個性は経産省に引き継がれている。第二次安倍政権は「アイデア発信型」であり、「アベノミクス」「地方創生」「一億総活躍」「女性活躍」「全世代型社会保障改革」などと政権が取り組む看板を次々と変えて打ち出した。

菅政権では今井の役割を首相補佐官・和泉洋人（いずみひろと）（一九七六年、旧建設省）が担った。和泉は菅の選挙区、横浜市の出身で国土交通省の住宅局長などを務めた後、民主党の野田佳彦政権時代に内閣官房参与として官邸入りし、安倍政権で首相補佐官になった。

安倍、菅政権を通じて官僚のトップとされる事務の内閣官房副長官を務めたのが杉田和博（一九六六年、警察庁）だ。野田、安倍政権で内閣情報官を務め、一九年九月に谷内の後任の国家安全保障局長となった北村滋（きたむらしげる）（一九八〇年、警察庁）とともに警察庁出身の官僚である。

杉田は警察庁警備局長から内閣情報調査室長として官邸入りし、内閣情報官、危機管理監を経て退官。一二年の第二次安倍政権発足に伴って内閣官房副長官に起用された。北村も警察庁外事情報部長を務め、内閣情報官として官邸に入っている。二人とも警備畑が長い警察官僚だ。警察庁の採用ホームページは警備・公安の任務について「社会をテロやゲリラ等から守るための情報収集・分析、様々な脅威への対処」と説明している。「情報収集と危機管理」がその任務だ。安倍から菅への政権移行に伴って今井ら経産省組が退き、「官邸官僚」は「アイデア発信型」から、警察庁出身者を中核とした「管理強化型」に代わったと言える。

菅は二〇年九月に日本学術会議が推薦した新会員六人の任命を拒否したが、拒否された六人の学者の共通項は、過去に政府の安全保障関連法制などに反対を表明した経歴があることだった。推薦名簿から任命拒否者をリストアップしたのは杉田だったことが明らかになっている。公安警察の管理型体質を浮き彫りにする事案だ。

菅自身も官僚機構を動かすために人事権を使うという考えを隠していなかった。著書『政治家の覚悟』(文春新書)では、人事権は「伝家の宝刀」だとして、総務相時代にNHK改革に疑問を呈した課長を更迭したエピソードを明らかにし、人事権を「効果的に使えば、組織を引き締めて一体感を高めることができます。とりわけ官僚は「人事」に敏感で、そこから大臣の意思を鋭く察知します」と強調している。

杉田は内閣人事局長も兼ねていた。首相の菅の下で杉田が人事権を握る管理体制では、官邸の意向に逆らってまで意見具申をする官僚は出てこない。一方で、省内での評価にかかわらず首相官邸の受けのいい幹部が優遇される人事は、省内に失望と不満を鬱積させることになる。

三　官邸主導の弊害

受け身の官僚

「官邸主導」によって、霞が関の官僚の仕事はどう変わったのか。厚生労働省を二〇一九年に四四歳で退官した千正康裕(せんしょうやすひろ)(コンサルティング会社「千正組」代表)は、官邸主導には理解を示しながらも、「少数の側近が国民の人気を推し測り、専門家である各省の官僚を含めた各方面との事前の調整なく政策を決めることも増えた」と明かし、「支持率を重視するあまり、実務のフローやスケジュールを度外視して、政策を次々に打ち出すようになった。民意を読み間違えた政策を打ち出すこともあるし、無茶なスケジュールで霞が関や自治体の現場にしわ寄せが出ている」と指摘している。

霞が関の幹部官僚の人事は例年、通常国会が閉会した後、翌年度の予算編成作業が始まるまでの六、七月に行われる。各省庁は八月末までに翌年度予算の概算要求を行い、年末に予算案を編成する。併せて年明け一月からの通常国会に向けて提出する政策、法案の作成を進める。人事とは、その年度に取り組む最も重要な政策、法案を定め、そのための人員配置、態勢整備を行うものだ。しかし、一強体制の官邸主導では、各省庁側の人員配置やスケジュールを無視した政策が官邸から一方的かつ具体的に指示され、各省庁はその執行に追われる状態になったと千正は指摘する。

政治と官僚の関係は本来どう在るべきか。官僚が専門的知識と情報に基づいて政策を立案したり、「プランB」「プランC」も含む複数の案を提示したりして、その案を内閣が検討し、選択する。選択された案が国民の代表である国会に示されて審議、決定され、内閣が執行するというのが本来在るべき関係だろう。だが、強すぎる官邸主導では官僚の側からは積極的な政策提案や複数案の提示がなくなり、「受け身」になってしまった。

菅政権が新型コロナの対応を巡って迷走を続けた背景には、官僚機構からの積極的な政策提案が欠けていたことにも一因があると考えられる。新型コロナの「第一波」の際、厚生労働省クラスター対策班の中心となった京都大学教授、西浦博は朝日新聞のインタビュー(二一年四月二日付朝刊)で、菅政権に移行した後の新型コロナ対応に関して「官僚が空気を読むようになりました」「官邸に上げる前に、この話は通る、これは通らないというのが見えてしまうので、官僚の段階でふるいにかけられています」と述べている。

官邸主導によって、責任の所在が不明確になったという問題もある。牧原は「本来であれば、官房長官や官房副長官から、各省の大臣や副大臣、事務次官に指示があり、その指示のもとで省内が動くべきですが、いまは内閣官房の首相秘書官や首相補佐官、内閣府の次長や審議官などのスタッフが、大臣や局長を飛び越えて各省の課長クラスにまで直接指示しているように見えます。その結果、起こったさまざまなことについて誰も責任を取ろうとしません」（月刊誌『中央公論』一八年六月号）と指摘している。

岸田政権では杉田や和泉らが退任。事務の内閣官房副長官には警察庁長官OBの栗生俊一（くりゅうしゅんいち）（一九八一年、警察庁）が就任した。警備畑出身の杉田と異なり、栗生は刑事畑が長い。また首席の政務秘書官に経産事務次官OBの嶋田隆（八二年、旧通産省）を起用。国家安全保障局長には外務事務次官OBの秋葉剛男（あきばたけお）（八二年、外務省）が座り、さらに二一年一月には首相補佐官に国土交通事務次官OBの森昌文（八一年、旧建設省）を起用した。省庁のトップを務めた重量級の官僚四人が「官邸官僚」の中核に座る強力な体制を敷いている。

岸田政権に代わった直後に話題となったのが、財務省の現職事務次官・矢野康治（やのこうじ）（八五年、旧大蔵省）による月刊誌『文藝春秋』二一年一一月号への寄稿だ。「財務次官、モノ申す」と題する一文は、新型コロナ禍での各党の経済政策について「バラマキ合戦」だと指弾し、財政再建の必要性を強調する内容だ。菅が退いたタイミングを捉えた実名での批判は、「政」に対する「官」の巻き返しの動きが始まったと見るべきではないか。

深刻な「ブラック霞が関」

「官邸主導」は霞が関に重い「負荷」をかけている。通常の業務に加え、国会対応(委員会質疑前の質問取り、答弁案作り)や、野党による合同ヒアリングへの対応に追われ、その上に首相官邸から指示される案件の処理が加わってくる。超長時間労働が常態化し、体を壊したり、精神的に病んだりして休職・離職する官僚も増えている。こうした現状を先に紹介した千正は著書で『ブラック霞が関』(新潮新書)と命名した。

官僚は今や、より良い社会を作りたいという志を持って身を粉にして働く魅力のある職場とは言い難い。給与面だけを考えれば、外資系企業など高給の就職先は他にある。人事院によると、二一年度の国家公務員試験の受験申込者数は、キャリアと呼ばれる幹部候補の「総合職」が約一万七四〇〇人、事務を担う「一般職」が約二万七三〇〇人だった。いずれも五年連続の減少であり、現行の試験体系となった一二年度以降で最も少なかった。

そこには本来、国会で政治家同士が行うべき討論を政府、与党側が避けるために起きている事象もある。野党が公開で行ってきた合同ヒアリングだ。国会の場で閣僚らを追及する機会が得られない野党が官僚を呼び、テレビカメラの前で厳しく追及する。しかし、官僚の立場では答えられない問題も多い。報道だけを見ている国民には、国会議員が官僚を「つるし上げ」にしている場面のように映る。これでは官僚の士気は下がるし、志願者が減るのも無理はないだろう。

かつて「日本の政治は三流だが、官僚は一流だから大丈夫だ」と言われた時代があった。しかし、「強すぎる首相官邸」は官僚機構の機能を低下させた。平成期の統治機構改革が目指したのは、首相官邸のリーダーシップの下で取り組むべき国内外の重要政策を見定め、各省の「省益」を超えて課題解決に当たる政官関係だった。同時に、こうした課題への取り組みには国民の理解と協力が不可欠なため、「国民への説明責任」を果たすよう透明性と責任の明確化も目標に設定された。しかし、その関係が不正常に歪んでいるのが現状だ。

出世のために政治家におもねり、忖度を働かせる官僚はいつの時代にも存在するだろう。ただ、改革の帰結として忖度官僚がはびこるような事態に至ることは当時、想定されていなかった。官僚は国民「全体の奉仕者」(憲法一五条)であり、政治と国民をつなぐ重要な「回路」の一つでもある。「日本最大のシンクタンク」とも呼ばれ、国家の基盤を支える官僚の地盤沈下を食い止め、再生させるための制度運用の見直しを急ぐべきだ。

第7章

メディアはなぜ監視の力を失ったのか

――強まる圧力と分断

放送法を巡る高市早苗総務相の発言に横断幕を掲げて抗議する田原総一朗さん(右から2人目)らジャーナリスト＝2016年2月29日，東京・内幸町の日本記者クラブ

一　萎縮させる圧力

下がる報道自由度ランキング

政権を監視する役割の一端をメディアが担っているのは改めて強調するまでもないことだ。しかし、二〇一二年の第二次安倍政権以降、メディアの権力監視の力が弱くなっていることを認めざるを得ない。政権側はメディアに対する圧力を強めるとともに、メディアを選別することによって分断を仕掛けた。これに対して、メディアの側が十分に抗することなく、報道を控えるなどの自己規制すら働いていると指摘されるのが現状だ。

国際ジャーナリスト組織「国境なき記者団」（RSF、本部パリ）が発表した二一年版の「世界報道自由度ランキング」では、日本は一八〇カ国・地域の中で前年より一つ順位を下げ、六七位だった。民主党政権時代の一一位からは大幅な格下げであり、言うまでもなく先進七カ国（G7）では最下位だ。二〇年の菅義偉政権への移行に関しても、RSFは「ナショナリストの右派が記者に対する不信をかき立てている状況に変化はなく、メディアの間では依然、自己検閲が続いている」と厳しく指摘している。

首相の安倍晋三は長期政権の間に、憲法が保障する「報道の自由」を侵害する恐れがあり、取材・報道を萎縮させるとの懸念が指摘された特定秘密保護法や、「共謀罪」の趣旨を盛り込んだ改正組織犯罪処罰法を成立させ、国民への監視体制を強めた。

「言論及び表現の自由の権利の促進・保護」に関する国連人権理事会の特別報告者デービッド・ケイによる一七年六月の報告書は、特定秘密保護法によってジャーナリストの取材活動が脅かされる懸念などを指摘するとともに、「政治的に公平であること」を定めた放送法四条による放送事業者への免許の一時停止などの政府規制の可能性、政府・自民党による放送メディアや個別コメンテーターへの圧力、記者クラブに加盟していないフリーランスや外国人ジャーナリストらの情報へのアクセス権を狭めている記者クラブ制度の排他性——などの問題点を指摘した。特別報告者は一九年六月にフォローアップの報告書を提出し、日本では政府が批判的なジャーナリストに圧力をかけるなど報道の自由に懸念が残ると改めて警告している。

直接的な介入

放送メディアへの圧力は直接的で、かつ繰り返し行われている。

自民党は一四年一二月の第四七回衆院選の直前、ＮＨＫと民放テレビ局に対して、「選挙時期における報道の公平中立ならびに公正の確保についてのお願い」と題する自民党筆頭副幹事長と報道局長連名の文書を送った。文書は⑴出演者の発言回数、時間、⑵ゲスト出演者の選定、⑶特定政党の出演者に意見が集中しないテーマ設定、⑷一方的な意見や特定の政治的立場が強調されない街角インタビューや資料映像――など詳細な条件を挙げて、「公平中立、公正を期す」よう申し入れている。

一五年四月には、自民党の情報通信戦略調査会が、報道番組『クローズアップ現代』でやらせが指摘されたNHKと、『報道ステーション』にコメンテーターとして出演した元経済産業官僚の古賀茂明が「官邸の皆さんからバッシングを受けてきた」と発言したテレビ朝日の局幹部を党本部に呼び、事情を聴いた。調査会長の川崎二郎は「放送法に照らしてやった。真実を曲げた放送をされるなら、法律に基づいてやらせてもらう」と述べている。

同じ一五年六月に自民党若手議員が開いた「文化芸術懇話会」の勉強会では、出席議員から「マスコミを懲らしめるには広告料収入がなくなることが一番だ。文化人、民間人が経団連に働き掛けてほしい」「番組ワースト一〇とかを発表して、それに〔広告を〕出している企業を列挙すればいい」などと放送局に圧力をかける発言が相次いだ。

一六年二月には総務相・高市早苗が衆院予算委員会で、放送局が「政治的に公平であること」を定めた放送法の規定に違反を繰り返した場合、電波法に基づいて電波停止を命じる可能性に言及し、「行政指導という要請をしたとしても全く改善されない、繰り返されるという場合に、全くそれに対して何の対応もしないということをここでお約束するわけにはまいりません」「全く将来にわたってそれがあり得ないということは断言できません」と述べた。高市は放送法について「単なる倫理規定ではなく法規範性を持つ」「私のときに〔電波法七六条に基づく電波停止命令を〕するとは思いませんけれども、〔中略〕事実に照らして、そのときの大臣が判断するということになるかと思います」とも述べている。

また、NHKの最高意思決定機関である経営委員会の委員は国会同意人事であり、一三年には安倍に近い学者や文化人らが選ばれた。経営委員会が任命する会長の人事には政治介入のリスクが付きまとう。さらに、NHK予算は国会の承認が必要であり、政治に直結する。

放送法は四条で「政治的に公平であること」と定めると同時に⑴公序良俗を害しない、⑵報道は事実を曲げない、⑶意見が対立する問題は多角的に論点を明らかにする――ことを放送局に求めている。ただし、その前提として一条で「放送の不偏不党、真実及び自律を保障することによって、放送による表現の自由を確保する」ことを目的として明記している。放送法は戦時中の検閲などで表現の自由が保障されなかった反省の下に作られている。権力の介入には徹底して対抗すべきだ。

テレビ番組を調査・分析するプロジェクト社（東京都港区）によると、NHKと在京民放キー局五社のニュースと情報・報道番組で、衆院選公示から投開票前日までの一二日間の選挙報道を比較すると、一七年の第四八回衆院選は四〇二番組、約八三時間だったのに対して、二一年の第四九回衆院選は三一七番組、約五〇時間と大きく減っている。一七年は東京都知事・小池百合子が新党を結成するなどの話題があったためとも考えられるが、大幅な減少はテレビ局側の消極的な報道姿勢と受け取らざるを得ない。

一方、二一年九月に行われた自民党総裁選は告示から投開票前日まで同じ一二日間で三〇八番組、約四九時間と、その直後の衆院選とほぼ同じ分量の放送が行われている。衆院選には公選法が適用されるのに対し、総裁選には規制はなく自由に放送できるという違いはある。しかし、衆院選は全有権者に関わるテーマであるのに対して、総裁選で投票権を持つのは自民党員・党友に限られる。衆院選の直前に総裁選がほぼ同じ分量で放送されれば、自民党への関心度を高めることとなり、衆院選でも自民党に有利に働いたと考えるのが自然だろう。

二　特定メディアの選別

単独インタビュー

取材に応じるメディアを選別するという手法も使われた。安倍は二〇一七年五月三日の憲法記念日の読売新聞朝刊一面トップに大きく掲載された単独インタビューで、憲法九条に自衛隊を明記する「自衛隊明記案」などの改正の二〇年中の施行を目指すと表明した。初めて明確に期限を区切って改憲論議を加速させる考えを打ち出した発言だった。

安倍は同日午後に開かれた改憲派の集会に寄せたビデオメッセージで、読売のインタビューと全く同じ内容の発言を行う。各社は同日夕のニュース番組や翌日付朝刊でこの発言を大きく報道することになった。一社だけに「特ダネ」のように情報を与えて、各社に後追いをさせる手法と言える。

安倍はさらに、五月八日の衆院予算委員会で改憲に対する考えを問われると「自民党総裁としての考え方は相当詳しく読売新聞に書いてありますから、ぜひそれを熟読していただいてもいい」と答弁した。読売新聞はかつて独自に改憲案を紙面で発表するなど憲法改正に前向きな論陣を張ってきた。読売新聞を選んで単独インタビューに応じたのは明らかだ。

特定の社に情報が提供されていると想定されるケースは他にもあった。ＮＨＫは一六年末、北方領土を巡る日ロ交渉を検証した『ＮＨＫスペシャル』の中で、安倍とロシア大統領プーチンとの首脳会談の直前に、首相や政府高官、秘書官らが個室で協議している映像を撮影し、「外交機密が含まれるため」として音声を消して放映した。この件は一七年二月に衆院総務委員会で取り上げられ、野党議員が「なぜＮＨＫは外交機密が含まれると判断できたのか。こうした映像が流れることは妥当か」と追及した。

特定の社の単独インタビューに応じたり、独自映像を撮影させたりすれば、出し抜かれた社も同じような情報を求めて政権に近付こうとする。こうした仕掛けが政権に対する批判を弱めることにつながると考えるのは当然だろう。

共同通信社のデータベースで、首相の一日の面会者を記録した「首相動静」を調べると、安倍が首相在任中に単独インタビューに応じた回数は、産経新聞が一四回で系列の夕刊フジを含めると計三二回と突出して多く、NHK二一回、読売新聞と日本経済新聞が八回となっている。これに対して、安倍に批判的な論調の毎日新聞は五回、朝日新聞三回、東京新聞は一回だった。共同通信社は四回である。首相のインタビューを紙面に掲載するかどうかは各社の編集方針次第だが、この取材回数だけを見ても安倍の側がメディアを選別していたのは明らかだ。

菅は就任当初、「内閣記者会」の代表二〜三社が質問をし、他の社はそれを傍聴する形の「グループインタビュー」を実施したが、すぐに打ち切られた。本来ならば全社からの質問に応じる記者会見を行うべきものだ。

情報提供と報道攻撃

安倍は特定メディアに対する攻撃も行った。最大の標的とされたのは朝日新聞だ。一四年一

○月の衆院予算委員会では、朝刊に掲載された親しい議員との食事の場での安倍の発言の報道内容について「これは捏造です」「朝日新聞は安倍政権を倒すことを社是としていると、かつて主筆がしゃべったということでございます」と批判した。朝日新聞は直ちに「「安倍政権を倒す」という社是はなく、主筆が話したこともありません」と否定している。

だが、一八年二月の衆院予算委員会でも、過去の朝日新聞の報道を取り上げて「かつて私がNHKに圧力をかけたという全く捏造の報道をされたことがあります」「朝日新聞はそれを検証したんですが、私が圧力をかけたという事実をつかむことができなかったという検証だった。でも、彼らが間違えたということは一度も書かない。私に一度も謝らない」と非難した。国会の議事録に公式な記録として残る委員会の場で、特定の社名を挙げて「捏造」と批判する攻撃だ。情報を流すメディアと攻撃するメディアを選別し、分断を図っていったと言える。

記者クラブの排他性は国連人権理事会の特別報告者も指摘しているが、特に政権監視の観点から首相官邸に常駐する報道各社でつくる「内閣記者会」は、その在り方を再考する必要があるだろう。現状を見ても内閣記者会による首相の記者会見は追及が甘いものになっている。首相の記者会見は本来、内閣記者会側が主催するものだ。しかし、実際には官邸側の内閣広報官が記者会見を仕切っている。官邸側は記者会見での答弁に対する「再質問」も拒否している。「再質問」は首相の回答に対してさらに問いを投げ掛けることで真意を追及できる機会だ。内閣記者会の有志の加盟社は「再質問」に応じるよう見直しを申し入れたが、官邸側は応じなかった。

さらに、次に予定がなくても官邸側が約一時間で会見を終わらせている。新型コロナ禍での二〇年二月には質問が多く残る中、安倍の記者会見を三六分で打ち切ったことに批判が集まった。それ以降、一時間程度に延びたが、発言を求める挙手が続く中で、官邸側は質問を文書で提出すれば後日、書面回答するという新たな手法を編み出し、会見を打ち切るようになった。

会見の出席者数も新型コロナを理由に制限している。首相官邸の会見室には記者席が約一三〇あったが、二〇年四月の新型コロナ特措法に基づく緊急事態宣言の発令を機に約三〇席に縮小した。緊急事態宣言が解除され、岸田政権になった二一年一一月に内閣記者会は会見の参加人数などの制限を解除するように求めた。だが、官邸側は「感染防止対策は危機管理の観点から極めて重要だ」として応じなかった。人数が制限されれば、フリーランスの記者らの参加の機会が減らされる。内閣記者会が現状で政権監視の機能を果たせているとは言い難い。

求められる共闘

報道機関が組織する独立機関で、日本でただ一つの「ナショナル・プレスクラブ」である公益社団法人「日本記者クラブ」は自由に質問ができる場だ。日本記者クラブには全国の主要な新聞社、テレビ局、通信社が法人会員として加盟し、個人会員として各報道機関の幹部、現役記者や記者OBも加わっている。外国メディアも法人会員や個人会員として参加。さらに国際機関や企業、団体も賛助会員とし、ジャーナリズムを学ぶ学生を学生会員として受け入れており、二二年一月初めの時点で約一九〇社、二三〇〇人の会員がいる。

日本記者クラブは首相の単独での記者会見を申し入れてきた。だが、安倍は一三年四月一九日に一度応じただけで、その後は要請を繰り返しても応じなかった。菅は一回も応じていない。

政権とメディアの関係がこうした圧力と分断の関係にありながら、報道各社の経営幹部らが安倍や菅とたびたび会食していた。取材対象に直接話を聞くことは取材上の重要な手段だ。しかし、そういう姿勢で政権に対する厳しい追及ができるのか疑念を招いている面は否定できない。

圧力を受けたり、情報を流す選別対象から漏れることを恐れたりするメディアの側が、報道を自己規制しているのではないかとも指摘される。メディアが権力を監視するという責務を果たすため、圧力に対抗し、選別を拒否する毅然とした姿勢が求められる。報道機関同士は日頃の報道では競い合う関係だ。しかし、競合するメディアであっても権力からの圧力や仕掛けをはね返していくために連携し、共闘していく必要がある。

第 8 章

断たれる国民との信任関係

——有権者の代表と言えるのか

衆院議院運営委員会で「桜を見る会」問題での「虚偽」答弁を陳謝する安倍晋三元首相＝2020 年 12 月 25 日

ここまで「強すぎる首相官邸」に対して、チェック&バランスの機能を果たすべき機関が弱体化している現状を見てきた。本章では、さらに根本的な問題点として、民主主義の基盤である国民・有権者との信任関係が揺らいでいる現状を指摘したい。

一　低下する政治への期待

「適当な候補者も政党もない」

「はじめに」の章で紹介したNHK放送文化研究所の「日本人の意識」調査をもう少し詳しく見てみたい。調査結果によると「私たち一般国民の意見や希望は、国の政治にどの程度反映していると思いますか」という質問に対し、「まったく反映していない」という回答が二〇一八年は二五・〇%に上った。五年ごとの調査なので民主党政権時代の〇九〜一二年が調査対象に入っていないのが残念だが、〇八年は二八・一%、一三年は二一・〇%だった。中選挙区制時代の一九九三年までは一八%前後で推移しており、小選挙区比例代表並立制の導入後、明らかに高くなっている。

一方、「かなり反映している」という回答は二〇一八年では九・八％しかない。これも中選挙区制時代は一三％以上あったが、選挙制度の改正後に下落している。

選挙制度と投票率の相関関係は単純ではないだろう。ただ、政治が国民の意見、希望に応えていないという国民の意識は、投票する「動機」を下げる方向に作用すると考えるのが妥当ではないか。実際、小選挙区比例代表並立制の導入後、投票率は低下している。衆院選の投票率は、中選挙区制時代には低くても七〇％弱の水準を維持していた。しかし、小選挙区制が導入された一九九六年の第四一回衆院選で初めて六〇％を割り込み、安倍・自民党が政権を奪還した二〇一二年の第四六回衆院選以降は五〇％台が続いている。一四年には五二・六六％と過去最低を記録、一七年五三・六八％、二一年は五五・九三％（いずれも小選挙区）と有権者の半分をわずかに超える水準でしかない。

公益財団法人「明るい選挙推進協会」が一七年の第四八回衆院選に関して実施した意識調査では、棄権した理由（複数回答）としては「選挙にあまり関心がなかったから」が二〇・四％で最も多いが、「適当な候補者も政党もなかったから」も二〇・二％とほぼ並んでいる。それ以下は「仕事があったから」（一八・九％）、「政党の政策や候補者の人物像など、違いがよくわからなかったから」（一二・九％）、「選挙によって政治はよくならないと思ったから」（一二・四％）と続く。

投票率が低下する要因にはさまざまなものがあると考えられる。社会の多様化が進み、かつては「集票マシーン」として動いた企業や団体が社員や組合員を投票に動員するということも少なくなり、そもそも「上からの指示」が効かなくなったとも指摘される。政党支持も固定化されず、世論調査の専門家である政治学者で埼玉大学名誉教授の松本正生が「そのつど支持」と命名した通り、特定の支持政党は持たずに選挙のたびに投票先を変えるという層が増えている。その層は、強く惹かれる投票先がなければ棄権に回り、投票率が低下することになるだろう。

しかし、棄権の理由として挙げられた「適当な候補者も政党もなかったから」という現実は厳しく受け止める必要がある。そこには小選挙区制にも原因があると考えるべきではないか。一つの選挙区で一人しか当選しない小選挙区制に対応するため二一年一〇月の第四九回衆院選では野党が候補者の一本化を進めた結果、小選挙区と比例代表計四六五議席に対して立候補者数は一〇五一人と現行選挙制度の下では最少となった。

小選挙区では一つの選挙区で候補者が二人だけというケースも多く、有権者の選択肢が限られてしまうことになった。「政党本位」「政策本位」の選挙では、候補者個人ではなく所属する政党やその政策を選ぶことを通じて政権を選択するのだと言われても、実際に投票用紙に書くのは候補者の名前である。本当に投票したいという候補者がどうしても見つからないという場合もあるだろう。

候補者の質という問題もある。国民の期待に応えられる候補者を発掘し、有権者に示す政党の責任は極めて重い。しかし、現職議員が引退する際、息子など親族を後継者に立てる世襲のケースはいまだに多い。二一年の衆院選では、(1)親族に国会議員がいて地盤を継承している、(2)地盤を継承していなくても父母や祖父母が国会議員——という条件のいずれかを満たした場合を「世襲」と定義すると、共同通信社の集計では「世襲候補」は一四三人で全候補者の一割を超えた。特に自民党は一〇四人で候補者の三一・〇%に達していた。国会議員が国民の感覚から遊離していると批判される一因だろう。

絶対得票率と乖離する議席占有率

小選挙区比例代表並立制の衆院選は二一年一〇月までに九回行われており、制度は定着したと言える。過去九回の衆院選で、第一党と第二党それぞれの議席占有率を見ると、並立制が導入された第四一回から二〇〇三年の第四三回までの三回の選挙では、第一党になった自民党の議席占有率は五〇%に満たず、議席が第一党の側に大きく振れるという現象は起きていない。

しかし、〇五年の第四四回衆院選以降は、第一党が六〇%を超える議席を占めている。自民党が勝利した第四四、四六、四七、四八回の議席占有率はそれぞれ六一・七%、六一・三%、六一・一%、六〇・四%だ。ただ、四九回は自民党が議席を減らしたため占有率は五五・七%と若干下がっている。一方、民主党が政権交代を果たした第四五回の議席占有率は六四・二%に上っている。

小選挙区制は一票でも多い候補が当選するので、全体で過半数を占めた政党の議席占有率は得票率よりも拡大されることになる。第四九回衆院選での自民党の小選挙区の得票率は四八・一%で五割に届かないが、議席占有率は六四・七%に上っている。得票率を議席数に正確に反映するはずの比例代表制も全国単位ではなく一一のブロックに分けているため大政党に有利な仕組みだ。第四九回衆院選での自民党の比例得票率は三四・七%だが、議席占有率は四〇・九%に拡大されている。「民意を集約」することによって政権の基盤を強くするという小選挙区比例代表並立制の特性がこれらの数字ではっきりと確認できる。

ここで注目したいのは最近の選挙での「絶対得票率」だ。絶対得票率とは棄権者も含めた全有権者に占めるその政党の得票率のことだ。第二次安倍政権下での二回と岸田政権の下での二一年の衆院選での絶対得票率を見てみよう(表2)。一四年の第四七回衆院選では自民党の絶対得票率は小選挙区で二四・五%、比例代表では一七・〇%だった。しかし、議席占有率は小選挙区が七五・三%、比例代表は三七・八%、全体では六一・一%の議席を占めている。一七年の第四八回衆院選の絶対得票率は小選挙区で二五・〇%、比例代表では一七・五%だが、議席占有率

表２　衆院選での自民党の獲得議席数と絶対得票率

（投票率，占有率，得票率＝％）

年	定数	投票率（小選挙区）	獲得議席数（占有率）	小選挙区		比例代表	
				獲得議席数（議席占有率）	絶対得票率	獲得議席数（議席占有率）	絶対得票率
2014	475	52.66	290（61.1）	222（75.3）	24.5	68（37.8）	17.0
2017	465	53.68	281（60.4）	215（74.4）	25.0	66（37.5）	17.5
2021	465	55.93	259（55.7）	187（64.7）	26.2	72（40.9）	18.9

＊総務省の「結果調」などを基に筆者作成

は小選挙区が七四・四％、比例代表は三七・五％、全体では六〇・四％となっている。

二一年の衆院選では、自民党の絶対得票率は小選挙区で二六・二％、比例代表で一八・九％。これに対して議席占有率は小選挙区が六四・七％、比例代表は四〇・九％で全体では五五・七％の議席を占めている。

絶対得票率は投票率と結び付いている。投票率が下がれば投票者総数は減るので、各党の絶対得票率も下がることになる。ところが小選挙区制では得票率に関係なく、相手よりも一票でも多ければ当選する。その結果、小選挙区で全有権者の四分の一前後、比例代表では二割にも満たない得票率の政党が六〇％前後の議席を占めることになる。

自民党が圧勝した一七年の衆院選後、首相・安倍晋三は「目標を大きく上回る力強い支持をいただいた。自民党単独でも絶対安定多数を大きく上回る議席を得た。安定した政権基盤の下、政治を前に進めよと国民から背中を押していただいた」と勝利宣言を行った。二一年衆院選では議席を減らしながらも首相・岸田文雄は「岸田政権の下で、この国の未来を作り上げていってほしいという民意が示されたことを大変ありがたく、また身が引き締まる思いで受け止めている。自民党に対しても貴重なご支援をいただきました。責任政党、自民党として国民の負託に応えていきたい」と述べた。

しかし、全有権者の二割前後の支持しか得ていない実態に基づけば、政権は本当に「国民の代表」と言えるのか。拡大された議席占有率が政権と民意との乖離を生じさせている一因だとすれば、政治への信頼度が低下する中で、この制度自体に問題があるのかどうかを真剣に考えなければならない。

自制心なき政権

選挙とは有権者による投票によって代表(議員)を選出し、新しい政権を構成し、国民の意思を政治過程に反映させる手続きだ。確かに、選挙は低投票率でも成立するため絶対得票率が二割前後であっても、政権の「正当性」は担保される。しかし、有権者の二割しか代表していない政権が、全権を委任されたかのように振る舞っていいのかという疑問が強く残る。

安倍政権は小刻みな解散・総選挙を行い、「選挙で勝った」ことで全権委任されたかのように振る舞った。先に述べたように、一四年衆院選での勝利の翌年、集団的自衛権の行使を解禁する安全保障関連法の制定に踏み切るなど反対意見の強い政策も断行した。

かつての自民党には、権力の行使には抑制的であるべきだという見識を持つ首相がいた。例えば宮澤喜一は「権力にある者が権力を行使しようとする時はできるだけ抑制的でなければならない」と語っている。しかし、安倍らにはそうした抑制的な姿勢は見られなかった。安倍退陣の後を継いだ菅義偉は選挙での審判を受けておらず、その政権基盤は安倍から引き継いだ絶対得票率二割程度の支持だった。そして岸田の政権基盤も全有権者の二割程度の支持という状況は同じである。

米国の政治学者スティーブン・レビツキーとダニエル・ジブラットは著書『民主主義の死に方』(新潮社)で、民主主義を機能させるためには憲法や法律には具体的に書かれていないルールや規範を守ることが必要だと指摘し、そうした規範を「柔らかいガードレール」と呼んでいる。その中で必要不可欠な二つの規範として挙げているのが「組織的自制心」と「相互的寛容」だ。

レビツキーらは「組織的自制心」を「法律の文言には違反しないものの、明らかにその精神に反する行為を避けようとすること」と定義し、「自制心の規範が強い環境下にいる政治家は、たとえそれが厳密には合法であっても、制度上の特権を目いっぱい利用したりしない。なぜなら、そのような行為は既存のシステムを危険にさらす可能性があるからだ」と指摘している。

全有権者の二割の得票しかないことを自覚していれば、政権が「制度上の特権を目いっぱい利用」し、全権委任されたように振る舞うことはないはずだ。「強すぎる首相官邸」の政治行動は組織的自制心を欠き、民主主義の機能を脅かしたと言わざるを得ない。

二　リーダーと議員の劣化

小粒化する政治家

政治家の「小粒化」も指摘される。「小粒化」の定義は難しいが、例えば元首相・田中角榮の言葉を引こう。田中は首相の条件として「党三役のうち幹事長を含む二つ」と「蔵相(現・財務相)、外相、通産相(現・経済産業相)のうち二つ」を経験していることを挙げた。戦後、自民党政権が長く続き、人材がじっくりと時間を掛けて育てられ、競い合った時代の話ではある。現在のようなスピード感が求められ、政治家の新陳代謝も激しい時代に、これだけの要職の経験を積むのは難しいかもしれない。しかし、田中の言葉はトップリーダーに必要な条件を的確に示している。「幹事長を含む党三役」の経験とは政党をまとめ上げ、運営していく能力が必要だということだ。閣僚経験の条件は財政、外交、産業・経済政策に明るくなければ国内外の課題に対応できないという指摘だ。

最近の首相でこの「角栄基準」を満たす資格者はいない。安倍晋三は小泉純一郎に引き上げられる形で幹事長を経験したが、閣僚としては官房長官しか経験していない。官邸主導が強まり、官房長官は内閣全体の総合調整を担う役職として、かつてよりはるかに重要なポストになった。しかし、官房長官は最終判断の責任を負う立場ではない。あくまでも最終責任者である首相の補佐役であり、各省を任される大臣よりもある意味では「逃げ場」の残る立場と言える。安倍を育てようとした小泉も党三役は経験していない。

菅義偉も官房長官と総務相しか経験しておらず、党三役には就いたことがない。岸田文雄は外相と政調会長を経験しているが、やはり「角栄基準」には達していない。小選挙区制の時代に「角栄基準」に代わる新たな基準がある訳ではない。だが、最高指導者である首相・総裁がその政治経験において小粒になったことは否めない。

政治リーダーに限らず、議員全体の「小粒化」も指摘される。議員の劣化を特に印象付けるのが、選挙の度に「チルドレン」と呼ばれる大量の新人議員が生まれる現象だ。

小選挙区制では勝った政党の獲得議席が得票率を拡大する形で増える中で、風に乗って当選する新人議員が大量に生まれる現象が起きる。小泉が仕掛けた二〇〇五年の郵政選挙では、自民党の当選者二九六人のうち、八三人が新人であり、「小泉チルドレン」と呼ばれた。その中には当選直後から「早く料亭に行ってみたい」などの非常識な発言をする議員もいた。民主党が政権交代を果たした〇九年の衆院選でも、民主党から一四三人の新人が当選。選挙を仕切った代表代行の小沢一郎の名前を取って「小沢チルドレン」、その中の女性議員は「小沢ガールズ」と呼ばれた。

自民党が政権を取り戻し、安倍が首相に復帰した一二年衆院選でも一一九人の新人が当選し、「安倍チルドレン」と呼ばれた。安倍は一四年、一七年の衆院選でも大勝しており、安倍チルドレンの多くは再選を重ねた。

しかし、一二年初当選組は相次ぐ不祥事で「魔の二回生」「魔の三回生」とも呼ばれるようになる。育児休業の取得を宣言しながら女性問題が報じられたため議員辞職、秘書への暴言・暴行問題で離党、新型コロナの緊急事態宣言下に高級ラウンジへの出入りが報じられ離党・引退した議員らだ。

チルドレン以外でも、公選法違反罪(買収など)で実刑判決を受けた元法相・河井克行と有罪が確定した妻の案里、公選法違反罪(寄付行為)で略式起訴された元経産相・菅原一秀、収賄罪で在宅起訴された元農相・吉川貴盛、統合型リゾート施設(IR)を巡る収賄罪で実刑判決(控訴)を受けた元内閣府副大臣・秋元司ら、事件が相次いでいる。

問題は、チルドレンらが党のしっかりとした人物審査を受けずに候補者となり、党の一時の勢いで当選し、議員バッジを着けてしまうことだ。比例代表では、小選挙区との重複立候補で多くの候補者を名簿に登載する。勝った政党の場合、名簿登載者の多くは小選挙区で当選して抜けるため、名簿をそろえるためだけに登載したような「数合わせ」の候補者まで順番が回って当選するケースがある。

「政党本位」の選挙というのであれば、党がしっかりと候補者の資格審査を行う必要がある。当選後の指導に関しても、かつては派閥がその役割を担っていた。しかし、派閥は緩やかな人的ネットワークとなり、新人議員が行動について指導を受ける機会は少ない。

小選挙区制で選挙区が狭くなったため、地元の都道府県議会議員との力関係が逆転している場合もある。「小粒化」を表す典型的な例だ。都道府県単位で活動する県議会の幹部と比べて、国会議員の小選挙区は一つの市を二分しているような狭い場合もある。当選回数の少ない国会議員よりも、都道府県議の方が地元では発言力が強いという例も多い。最近、各地の知事選などの首長選挙で保守系候補が複数立候補し、保守分裂になるケースが相次いでいる。国会議員と県議との対立や県議団の分裂が背景にあり、かつてのように都道府県連をまとめる力のある国会議員がいなくなったために起きている現象とも言える。

三　偏る議会の構成

国会の議員構成が社会を反映していないことも国民の政治離れの一因だろう。政治の役割の一つは取り組む政策の優先順位を決めることだが、その決定は構成員の比率に左右される。中高年の男性がほとんどを占める今の国会では、政策の優先順位が国民全体の要望から乖離するのは必然とも言える。女性や若い世代、障がい者、性的少数者らを代表する議員は少ない。その現実が政治と国民との距離を遠ざけているのではないか。

増えない女性議員

二〇二一年一〇月の第四九回衆院選で当選した議員の平均年齢は五五・五歳で一七年衆院選の五四・七歳よりも上がった。二〇歳代はわずか一人だけ、三〇歳代は二二人（四・七％）しかいない。

女性議員は四五人（九・七％）で一七年の前回衆院選より二人減った。国際的な議員交流団体「列国議会同盟」（ＩＰＵ）の国際比較によると、二〇年時点での国会（下院・衆院）の女性議員の割合は、日本は九・九％と先進七カ国（Ｇ７）の中で最低、世界でも一六六位という極めて低い水準だった。参院は女性議員の割合が少し多いが、それでも二二年一月初めの時点で総定数の二二・九％しかいない。

住民により身近な地方議会でも女性議員は少ない。内閣府と総務省によると二一年八月時点での女性の都道府県議は一一・六％。二〇年一二月時点で市区議は一六・八％、町村議は一一・三％。一七四一の市区町村議会のうち二九八（一七・一％）の議会では女性議員が一人もいないのが現状だ。

女性議員が増えることによって、政策の優先順位は変わる。一九九〇年代末から施行された男女共同参画社会基本法（九九年）や、ドメスティックバイオレンス（DV）防止法（二〇〇一年）などは女性議員が主導して法制化したものだ。取り組むべき課題はまだまだ多い。

政治分野の男女共同参画法

超党派の議員が協力して二〇一八年五月、各党に選挙の候補者数を「できる限り男女均等」にするよう促す「政治分野の男女共同参画推進法」が成立した。二一年六月には、セクハラやマタニティーハラスメント（マタハラ）の防止策を国や地方自治体に求める条文を加える改正が行われた。しかし、法改正では女性候補者数の目標設定を各党に義務付ける改正案も検討されたが、自民党などの反対で盛り込まれなかった。

二一年衆院選での女性候補者は一八六人で一七年衆院選の二〇九人より二三人減っている。

共産党が四六人で三五・四％と最も多かったが、自民党は九・八％の三三人にとどまり、立憲民主党も一八・三％の四四人だった。

政府は二〇年一二月二五日、今後五年間の女性政策をまとめた第五次男女共同参画基本計画を閣議決定した。しかし、女性の管理職登用は「二〇年までに三〇％程度」とするそれまでの目標を達成できず、「二〇年代の可能な限り早期」と期限を先送りした。各分野での女性割合の目標値としては、「国政選挙と統一地方選挙の候補者を二五年までに三五％」にするとしている。各党の今後の取り組みが問われる。

法律で女性の議員の割合を定めることは、憲法一四条の「法の下の平等」に反するとの指摘がある。しかし、少なくとも各党に女性候補割合の目標設定を義務付け、その目標を公表させることは可能だろう。政党交付金を女性議員の割合に応じて厚く配分するなどの方法も考えられる。選挙制度自体の見直しと併せて検討すべき課題の一つだ。

少数者の声をどう政治に反映していくのかも重要な課題だ。一九年の参院選ではれいわ新選組から重度の身体障害を持つ議員二人が当選した。しかし、二一年の衆院選では障がい者やLGBTを代表する議員は生まれていない。少数者の声が政治に届かない現状が続いており、各議員の意識が問われる。

四　社会を分断する政治

はぐらかしのご飯論法

政治家は「言葉が命」だと言われる。人を説得し、動かすのが政治の役割だからだ。だが最近の政治家から誠心誠意語り掛け、心の底に響くような言葉を聞くことはほとんどない。逆に多いのが論点をすり替えたり、ごまかしたりする発言だ。

国会での閣僚らのすり替え答弁を法政大学教授の上西充子（うえにしみつこ）は「ご飯論法」と名付けた。「朝ごはんを食べなかったのか」という質問に対して、パンは食べていても、そのことを隠して「朝ごはん」の意味を「白米」にすり替え、「ご飯は食べませんでした」と答える論点ずらしの答弁だ。上西は「一見したところ答弁の語り口は丁寧そうだが、実際には質問に誠実に答えようという姿勢がまったくない」「これでは国会の審議は深まりようがない」（『国会をみよう』集英社）と指摘する。

新型コロナのような危機の事態への対処では、国民に語り掛け、共感と理解に基づく協力を得ることが何よりも不可欠なはずだ。しかし、菅義偉政権では言葉を通じて国民との信頼関係を築くことができず、緊急事態宣言下での休業要請に応じない飲食店が現れるなど、政府の呼び掛けが国民に届かなくなった。業を煮やした政府の新型コロナウイルス感染症対策分科会会長の尾身茂が「国民の理解と協力をいただくため、政府としてしっかりとしたメッセージを発信してもらいたい」と菅に直談判する場面もあった。

首相・岸田文雄は「自分の特技は人の話をよく聞くことだ」と強調し、記者会見でも丁寧な説明を心掛けているように見える。しかし「総論」は語るが、「各論」に入ると具体性を欠く発言が目立つ。「新しい資本主義」など岸田が掲げる政策の全体像はいまだ不明確だ。国民の理解を得る誠意と説得力ある言葉が求められている。

敵か味方か

安倍、菅政権で特記しておかなければならないのは、社会の分断を進めたということだ。富裕層が富み、そのトリクルダウン(あふれ落ちる)効果で低所得層にも富が回ってくるという小泉純一郎政権以来の新自由主義的な経済政策は、実際には富が富裕層に偏在し、経済格差を拡大、社会を分断した。その中で安全保障関連法など国論を二分する政策を強行したことが社会の対立を深めた。

小選挙区制が議員心理に「敵」と「味方」という二分化をもたらした側面も指摘される。先に紹介したレビツキーとジブラットの『民主主義の死に方』が民主主義を機能させる「柔らかいガードレール」として「組織的自制心」とともに挙げているのが「相互的寛容」という言葉だ。

レビツキーらは相互的寛容を「対立相手が憲法上の規則に則って活動しているかぎり、相手も自分たちと同じように生活し、権力をかけて闘い、政治を行なう平等な権利をもっていることを認めるという考え」と説明する。その権利を認めなければ、話し合いと、それに基づく合意の形成は不可能になる。

しかし、小選挙区の中で一つの議席を競う対立候補は「勝つか負けるか」の相手であり、倒すべき「敵」となる。政治学者で法政大学教授の山口二郎は、かつては中選挙区制が政治家の相互的寛容を支えていたと指摘し、「同じ選挙区で自民党の議員と野党の議員が共存」し、「同じ地域の代表として、たがいに敬意を持っていた」と総括している。その上で、「小選挙区制が相互的寛容を壊したことは間違いない」(『民主主義は終わるのか』岩波新書)と指摘する。

一つの選挙区で「勝つか負けるか」の選挙を行えば、相手は「否定すべき」存在となり、多様な主張を持つ議員の存在は認められなくなる。「敵」を倒すことが政治活動の最大の目的となり、小選挙区で強固な地盤を築くことにいったん成功すれば「一国一城の主」として連続当選も可能になる。選挙活動の重点は、まず小選挙区で有力な対抗馬が現れないように「あらかじめ潰す」ことに置かれる。

敵と味方を峻別する政治の実態をあらわにしたのが、二〇一七年七月の東京都議会議員選挙の街頭演説で、抗議の声を上げた聴衆に向かって首相・安倍晋三が「こんな人たちに負けるわけにはいかない」と声を張り上げた場面だった。

第9章

新・政治改革に向けて

——今こそ抜本改革の議論を

左：初めて小選挙区比例代表並立制で実施された第41回衆院選最終日に候補者の最後の訴えを聞く有権者ら＝1996年10月19日，横浜市・JR戸塚駅前
右：第49回衆院選の最終日に，街頭演説に耳を傾ける有権者ら＝2021年10月30日，東京品川区

平成期の政治改革では、国会議員の中に現状を変えていこうという動きがあり、民間からも多くの提言がなされた。しかし、その一部だけがつまみ食いのように取り込まれ、改革案が「総体」として目指していた政治・統治機構の構築は未完のままだ。それが今の政治状況だと言わざるを得ない。

一九八九年の平成への改元、リクルート事件、東西冷戦の終結から約三〇年が経過し、さらに九六年に初めて実施された小選挙区比例代表並立制の選挙からも四半世紀が過ぎた。自民党幹事長などを務め、小選挙区制導入に反対した梶山静六は、新選挙制度導入が決まった後の九五年、月刊誌『文藝春秋』七月号にこう書いている。

「小選挙区制は、一党独裁政権の基盤となる制度にほかならず、今でも問題が多いと考えている」「中選挙区が「ポスト冷戦」の時代にそぐわないものとして廃止されたように、もし小選挙区制が日本の平和と、安定的な発展に合致しないものであることが判明したなら、もう一度これを変えていく勇気を、政治家はもつべきだ」

ここまで取り上げてきたように、この三〇年間の政治改革の帰結として「政治主導」は「強すぎる首相官邸」となった。その一方で権力をチェックすべき国会や政党の改革は進まず、野党は分裂、弱体化し、権力の「抑制と均衡」は崩れている。有権者の約半分しか選挙権を行使しない選挙で作られる政権は、「国民の正当な代表」と言えるのだろうか。民意が政治に反映されているのかは疑問だと言わざるを得ない。

政治の深刻な現状が指摘されるのであれば、平成期の政治改革、統治機構改革の結果として現れている問題点に向き合い、選挙制度の在り方も含めて改善案を示し、課題の克服を図る「新たな政治改革」の議論に取り組む必要がある。

改革論議には大きなハードルがある。国会議員が自らその気にならなければ制度の改正は最終的には決められないということだ。しかし、国会議員たちを動かすよう、声を上げるのも主権者である国民の役割だろう。現状を放置せず、早急に議論を始めるべきだとの思いから「新たな政治改革」を提示したい。

取り上げている提言は、筆者の視野に入っている問題点だけだ。見落としている論点は多いし、筆者の提言には多くの異論もあるだろう。議論を始めるための「たたき台」として示したい。

一　選挙制度改革

現行・並立制の限界点

改革案の提言の冒頭に選挙制度を挙げることに対しては違和感があるかもしれない。実現が最も難しい課題だからだ。選挙制度を変えるには、最終的には国会が動かなければ決まらない。だが、現職の国会議員は自らが選ばれた「土俵」に合わせて選挙態勢を組んでおり、その土俵の形や広さを変えることには当然、消極的になる。

さらに言えば、政権維持を図る与党も、政権交代を目指す野党も、現在の選挙制度のルールに則ってどう選挙戦を戦うのか戦略を練っている。横から選挙制度改革の議論など持ち出すなと言われかねないだろう。議論の前提は、あくまでも各党が現在の制度の下で地力を付ける努力を怠らず、選挙協力や候補者調整などの戦術を練ることが条件である。

その条件を確認しながらも、一九九六年の最初の小選挙区比例代表並立制の衆院選から二五年が経過し、民意から乖離した「一強多弱」の体制になっているという現下の政治状況を直視すれば、選挙制度を見直す議論を始める時期が来たと考え、あえて選挙制度の提案から入りたい。

選挙制度には「ベストもベターもない」と言われる。どの制度にも長所とされる要素と短所と指摘される側面がある。従って、完璧な制度を求めるという議論は成り立たない。その時々の政治状況において何が問題なのか。そして、その問題点を修正していくには、どういう制度の「長所」を重視するのかという観点から、見直しの議論は行う必要がある。

現行の小選挙区比例代表並立制は、制度的にも限界点に向かっている。それは「一票の格差」への対応だ。最高裁は「一票の格差」を巡り、最大格差が二・一三～二・四三倍だった二〇〇九～一四年の三回の衆院選を「違憲状態」と判断し、各都道府県にまず定数一を割り振る「一人別枠方式」の廃止を求めた。

これを受けて、有識者による衆院議長の諮問機関「衆議院選挙制度に関する調査会」(座長＝東大名誉教授の佐々木毅)が検討して一六年に成立した選挙制度改革関連法で、人口比を正確に反映しやすい新たな議席配分方法「アダムズ方式」が導入された。一〇年に一度の大規模国勢調査の確定値に基づいて、衆議院議員選挙区画定審議会(区割り審)がアダムズ方式で定数を割り振った区割りの見直しを決めることになる。二〇年の国勢調査に基づくと小選挙区定数は大都市圏の東京、埼玉、千葉、神奈川と愛知の五都県で増える一方、宮城や福島、新潟、滋賀、和歌山、岡山、広島、山口、愛媛、長崎の一〇県では定数が一ずつ減る一五都県での「一〇増一〇減」になることが確定した。

この方式を続けていくならば、大都市圏への人口流入が続く限り、大都市圏の定数は増え、地方は減り続けることになる。憲法四三条上、国会議員は「全国民を代表する」としても、定数が減り続ける地方には「代表を出せない」という不満が溜まっていく。それが現行制度の限界点だ。既に自民党議員らから「一〇増一〇減」に対して反対の声が出ており、今後、選挙制度自体の見直し論議につながっていくのかが焦点となる。

選挙制度の分類

世界各国ではさまざまな選挙制度が取り入れられている。その分類方法も複雑だ。ここでは、民主化支援のために選挙制度の国際比較などの情報を提供している民主主義・選挙支援国際研究所（IDEA、本部ストックホルム）の分類（表3）を紹介し、新たな選挙制度改革案を検討したい。

選挙制度は大別すると「多数代表制」と「比例代表制」に分けられる。両者を組み合わせた制度が「混合制」と呼ばれる。

まず、選挙区内で多数票を獲得した候補者が選挙区内の議席を全て獲得するのが「多数代表制」だ。定数は一議席の場合（小選挙区制）が多いが、二議席以上の制度もある。大政党は得票率を上回る議席率となり、安定政権ができる反面、小政党は得票率を下回る議席率となることが多く、少数意見が反映されにくい。多数代表制には「単純小選挙区制」や「小選挙区二回投票制」「選択投票制」「完全連記制」「政党ブロック投票制」などがある。

「比例代表制」は、各党の得票に応じて議席を配分する仕組みだ。有権者の政党への支持率をできるだけそのまま議席率に反映させようとするもので、少数派も議席を得ることができるが、一つの政党が過半数を占めるのは困難になり、連立政権になりやすいとされる。比例代表制には「名簿式比例代表制」や「単記移譲式比例代表制」などがある。

多数代表制と比例代表制のそれぞれの長所を生かし、短所を補うことを目的に組み合わせた制度が「混合制」と呼ばれる。混合制には「小選挙区比例代表併用制」などがある。「並立制」は小選挙区制と比例代表制を切り離して別々に行い、各党の獲得議席は両者の合計になる。日本の現在の衆院選はこの制度だ。これに対して、小選挙区制と比例代表制を関連付けた制度の代表が「併用制」だ。さらに関連付けの方式が異なる「小選挙区比例代表連用制」もある。併用制と連用制については後で詳述する。

表3　選挙制度の類型

多数代表制	単純小選挙区制 小選挙区２回投票制 選択投票制 完全連記制 政党ブロック投票制
混合制	並立制 連用制 併用制
比例代表制	名簿式比例代表制 単記移譲式比例代表制
その他の制度	大選挙区単記非移譲式投票制 大選挙区制限連記制

＊国立国会図書館の資料などを基に筆者作成

このほかにも、「大選挙区単記非移譲式投票制」(かつて日本で行われていた「中選挙区制」もこの制度)や「大選挙区制限連記制」などもある。

ＩＤＥＡのホームページによると、世界の二一八国・地域のうち多数代表制を採用している国・地域は八六で三九・四%、比例代表制は八四で三八・五%、混合制は三一で一四・二%となっている。国立国会図書館によると同研究所の〇四年時点の資料では、多数代表制が四五・七%、比例代表制三六・二%、混合制一五・一%となっているので、若干ながら多数代表制から比例代表制へ制度移行した国・地域があると想定できる。

見直し論議で何を重視するか

現行の小選挙区比例代表並立制の見直しを検討するならば、多数代表制か比例代表制か、混合制をとるのか、それぞれの制度のどの長所を重視するのかを議論の柱に据えなければならない。

これまで見てきたように小選挙区比例代表並立制は「民意の集約」を重視して「強い政権」を作る基盤となった。しかし、同時に想定された「政権交代の可能性のある政治体制」には至らず、「一強多弱」の状態が生まれている。

そこで、現時点で検討すべき改革の方向性は、「民意の集約」よりも「民意の反映」に重点を置き、有権者の意思をより正確に反映する選挙制度に転換すべきだと考える。具体的には、比例代表制を柱とする「小選挙区比例代表併用制」を提案したい。ただし、併用制にも多くの問題点がある。その点を考慮するならば「小選挙区比例代表連用制」も候補に挙げたい。

以下、具体的な改革案の検討を示したい。

細かな制度設計に入り込むと議論は複雑になるので、ここでは多数代表制、比例代表制、混合制の代表的な例で検討をしたい。基本的に次の四つの選挙制度となる。(1)単純小選挙区制、(2)名簿式比例代表制、(3)小選挙区比例代表併用制、(4)小選挙区比例代表連用制――だ。

(1)の「単純小選挙区制」は、現行の並立制から比例代表の部分を削除するもので、「二大政党制」へと近付ける効果を発揮することになる。勢力の拮抗する二大政党制になれば、政権交代による「責任の帰属の明確化」は担保されやすくなるだろう。しかし、勢力が拮抗するような二大政党制になる保証はない。一党の独裁状態が続く可能性もある。小選挙区制を柱にした現行制度による「民意の集約」で生まれる強い政権が「民意との乖離」を指摘される現状を考えれば、さらに小選挙区制だけにして「民意の集約」の効果を強め、議席に反映されない民意を切り捨てる方式が理解を得られるだろうか。やはり、基本的な方向性は「多数代表制」ではなく、「比例代表制」を中心とした制度を考えたい。

(2)の「名簿式比例代表制」はどうか。並立制から小選挙区制を廃し、全議席を各政党の得票数に比例して配分する制度だ。当選者は政党の名簿の順位に従って決まる。得票率を正確に議席に反映させることになり、今の「民意との乖離」を是正するには最も適した制度と言えるだろう。ただ、名簿式では候補者の順位付けを各党の執行部が決めるため、今以上に党執行部の権限を強めることになる。政党の改革は後で述べるが、党執行部の権限をこれ以上強めていいのかという問題が生じる。このため、名簿式比例代表制も除外したい。

小選挙区制と関連付けた比例代表制

単純小選挙区制と名簿式比例代表制を除外すれば、比例代表制に小選挙区制を組み合わせる「混合制」を採用することになる。ただし、現行の並立制のように小選挙区制と比例代表制を分離した制度ではなく、両者を関連付ける制度だ。

(3)の小選挙区比例代表併用制は、比例代表制を柱とする点で現行の「並立制」とは全く異なる制度だ。代表的なドイツの仕組みで説明しよう。有権者は政党への投票と小選挙区候補者への投票の二票を持つ。全体の議席の配分は政党への投票を全国集計し、全議席(法定五九八)を得票率に比例して各政党に割り振る。その上で、具体的な候補者は一六のラント(州)ごとの小選挙区で勝利した候補者がまず当選者となり、政党への議席の配分数に小選挙区の当選者数が足りなかった部分は、事前に提出されている州ごとの比例名簿から当選者を選ぶという仕組みだ。ドイツでは定数五九八のうち小選挙区と比例代表を二九九ずつとしている。投票用紙は一枚で政党名とその小選挙区の候補者名が記載されており、有権者は選ぶ政党、候補者に印を付ける方式を取っている。

各党の獲得議席数はあくまでも得票数に比例するので「民意を正確に反映する制度」となり、同時に地域の代表として候補者個人の顔も見える選挙制度と言える。小政党も議席を得られるため各党が小選挙区候補を立てれば並立制のように有権者の選択肢が狭められることはない。

ただし、ドイツでは比例代表で割り振られた政党の議席数よりも州内での小選挙区当選者が多く出た場合は、その小選挙区当選者も認めるため、その分の「超過議席」が生じることになる。

「民意の反映」への修正という観点から、まずこの制度を提案したい。

(4)の小選挙区比例代表連用制は政治改革論議のさなかの一九九三年四月に民間政治臨調が提唱し、五月に社会、公明、民社、日本新党など野党六党派が合意した制度だ。二〇一一年に設置された「衆議院選挙制度に関する各党協議会」でも検討対象に上がった。

小選挙区と比例代表を切り離して実施する点では現行の並立制と同じである。しかし、小選挙区の獲得議席数を比例代表議席の各党への配分に関連付ける点で並立制とは全く異なっている。小選挙区は現行と同様に当選者が決まる。一方、比例代表の各党への議席配分は、「小選挙区で獲得した議席数プラス一」を除数にドント式で割り振っていく。これによって小選挙区で議席に反映されなかった、いわゆる「死に票」の多かった政党から優先的に議席が割り振られ、全体として各党の最終的な獲得議席数は得票数に比例したものに近付いていくという仕組みだ。小選挙区で多数を占めた政党は実際の得票率よりも拡大した議席を得ているので、比例代表議席の追加配分で修正を図る制度と言える。この制度では併用制で発生する「超過議席」は生じない。一九九三年に野党が合意した連用制は、定数五〇〇で小選挙区二七五、比例代表二二五の二票制。比例代表は都道府県単位だった。

しかし、自民党などは比例代表の配分が小選挙区の当選者数の影響を受けるのは比例選挙での投票結果を「不当に歪め、投票価値の平等に反する」などと主張し、二〇一一年の各党協議会でも合意に至らなかった。

どの制度を採用するにしても議論すべき点は多い。「併用制」では超過議席が生じた場合に議員総数が増えることが最大の問題だろう。ドイツで二一年九月に実施された総選挙では、法定定数五九八に対して最終的な議席数は七三五になった。また、小政党の乱立を防ぐために候補者擁立政党に一定の条件を課す「阻止条項」を設けることの是非も検討課題になる。単独過半数を得る政党がなく連立政権になる可能性が高く、政権発足までの連立協議に時間がかかり、政権が安定しないという指摘もある。さらに比例代表部分の名簿順位を決めるために党執行部の権限が強くなるという問題がここでも生じる。

一方、連用制を採用するにしても、小選挙区と比例代表の定数配分をどうするのか、比例代表を都道府県単位とした野党合意案でいいのかは再考すべきだろう。「民意の反映」を重視するのであれば比例代表の定数を増やし、小選挙区と比例代表を例えば二五〇ずつという対等な配分にするのが望ましい。比例代表も都道府県単位では狭すぎるだろう。

このように、どの制度を採用しても課題は多い。しかし、全有権者の二割前後の絶対得票率しか得ていない政党が五割を超える議席を占める最近の衆院選のような状態は放置できない。繰り返しになるが、選挙制度にはベストもベターもない。今は「一強」を是正するために、「民意の正確な反映」に重点を置いた議論を提案したい。

二　公選法など現行制度の見直し

小選挙区と比例代表の定数配分

選挙制度の抜本的な見直しを実現するには、相当な議論が必要になるだろう。その前にまず現行の小選挙区比例代表並立制の中で手直しする点はないかを早急に検討したい。

まず検討すべきなのは、小選挙区と比例代表の定数配分だ。細川護熙政権が一九九三年に小選挙区比例代表並立制を提案した際、最初は小選挙区と比例代表の定数は二五〇ずつだった。それが自民党との修正協議で小選挙区三〇〇、比例代表二〇〇となり、導入後の定数削減で現在は小選挙区二八九、比例代表一七六となっている。しかし、「民意の反映」を重視するならば、比例代表の比重を今よりも大きくするべきではないか。

また重複立候補制の見直しも検討課題になる。政党が小選挙区と比例代表の並立制を上手に活用するのであれば、党にとって必要不可欠だと考える人材は比例代表の名簿上位に登載して当選を確実にするという方式を取るべきだ。現在の主要政党でこの方式を活用しているのは公明党と共産党だ。

しかし、他の政党は小選挙区と比例代表の重複立候補制を利用し、さらに、比例代表の名簿順位を付けるのが難しいため各候補者を同一順位で横並びに置き、小選挙区で敗れた候補者が当選者の得票に対して何%を得票したかという「惜敗率」が高い者から比例代表で当選させる方式を取っている。小選挙区で負けても「よく頑張った」という順番で当選させるものだ。「惜敗率」は比例代表名簿の順位付けを巡って、各党内で激しい争いが起きることが想定されたために考え出された。

だが、比例復活という仕組みを有権者は本当に納得しているだろうか。小選挙区制では積極的に当選させたい候補者がいる場合もあれば、「この人は当選させたくない」という候補者がいる場合もあるだろう。ところが小選挙区で落選した候補者が比例代表で復活当選してくる現状は、有権者からみれば割り切れない気持ちになるのではないか。ある候補者を当選させるために投票したのに、落選した候補者も復活当選すれば、自分が投じた一票に意味があったのかと疑問を持つことにもなる。かつて小泉純一郎が選挙制度改革に反対した際、「重複立候補での比例復活は有権者の不信を招く」と指摘していたことを思い出したい。

野党が候補者を一本化して絞り込んだ二〇二一年一〇月の第四九回衆院選は立候補者数が現行の並立制になってから最も少なかった。小選挙区の候補者が少なければ比例代表で復活当選する可能性も高まる。例えば東京一区の場合、自民、立憲民主、日本維新の会の公認三人と無所属新人の計四人が立候補し、自民が小選挙区で当選、立民と維新は比例復活し、一つの選挙区から三人の当選者が出るという結果になっている。これで「小選挙区制」と呼べるのか疑問だ。重複立候補制は廃止し、政党は小選挙区制と比例代表制の特性を使い分けるようにするべきではないか。

ただし、この場合も比例代表の名簿順位を決める党執行部の権限が強くなるという問題が生じる。後で述べる党改革と並行して検討しなければならない課題だ。

「べからず集」の見直し

一九五〇年に制定された公職選挙法は選挙運動にさまざまな規制を課しており「べからず集」と呼ばれる。だが、インターネットの普及によって選挙運動に使えるツールも大きく変わっている。時代の変化に合わせて「べからず集」は抜本的に見直すべきだ。選挙運動や日頃の政治活動をより自由に行えるように、規制を緩和する方向での検討を求めたい。

選挙運動でのインターネットの使用は、二〇一三年の改正公選法で認められるようになった。しかし、投票に関してはまだネットでは行えない。投票所に設置した機械で投票する「電子投票」は過去にいくつかの自治体で行われたが、トラブルが相次ぎ、導入されていない。一方、「ネット投票」は投票所に行かなくてもネットを通じて投票できるシステムのことだ。立憲民主党などは二一年の通常国会にネット投票の導入を推進するための法案を提出している。情報の管理やトラブルへの対応、「なりすまし投票」の防止など課題は多い。しかし、これほどネットが普及している時代に、ネットで気軽に投票ができないのは若い世代には考えられないことだろう。二一年九月にはデジタル庁も新設され、行政のデジタル化への取り組みが本格化している。ネットが使えない人への手当ては不可欠だが、ネット投票との併用ができるようにするのが当然ではないか。

ネット投票が実現するならば、投票の際に候補者の名前を書く「自書式」も見直すことになる。投票の方式は国によってさまざまだ。先に紹介したドイツのように一枚の投票用紙に候補者名と政党名があらかじめ印刷されており、選ぶ候補者、政党に印を付ける方式もある。フランスでは一枚の紙に一人の候補者名を書いた投票用紙が用意されており、有権者はそれを複数枚受け取り、その中から意中の人の投票用紙だけを選んで投票箱に入れ、残りは捨てるという方式だ。

実は、日本の国政選挙でも「自書式」が廃止された期間がある。一九九四年の改正公選法で記号式投票が導入されたのだ。しかし、一度も実施されることはなく九五年に自書式に戻された。「有権者に自分の名前を書いてもらうのが選挙だ」という意識が今でも政治家には強い。だが、優先すべきなのは何よりも有権者の利便性だろう。

立候補の際に納める供託金も廃止するか、大幅に引き下げるべきだ。価値観が多様化する中で、求められるのは幅広い人材が選挙に立候補できる仕組みにすることだ。現在、衆院の小選挙区に立候補する場合は三〇〇万円、比例代表の名簿登載者は一人に付き六〇〇万円など多額の供託金が必要となっている。一定の得票があれば選挙後に返却されるとはいえ、それが見通せない立候補の段階でまとまったお金が用意できる人は限られる。

供託金は候補者の乱立を防ぐ目的で設定されたが、衆院の小選挙区で当選の見込みが全くないのに立候補する人は多くはないだろう。お金が用意できなくても意欲と能力がある人が立候補できるように供託金を見直し、立候補のハードルを下げる必要がある。

衆参両院の関係と地方選挙

選挙制度の議論は衆参両院を関連付けて行わなければならない。二院制を維持する以上、衆参両院の役割を定め、議員を選ぶ制度も双方を同時に変えていく必要がある。

しかし、衆院と参院はそれぞれ独自性にこだわり、これまでは別々に選挙制度が改正されてきた。その結果、現在は衆参とも基本的に似たような選挙制度になっている。衆院は小選挙区制と比例代表制の並立の組み合わせ、参院も事実上小選挙区制と同じである改選一人区を含む選挙区選挙と比例代表制の並立の組み合わせだ。さらに参院の比例代表制は党が名簿順位を付けず、各党が獲得した議席の枠の中で候補者個人名の得票の多い順に当選する「非拘束名簿式」になっている。その上、個人名票に関係なく優先的に当選するよう名簿上に例外的に優先順位を付ける「特定枠」も取り入れられた。

特定枠は、人口の大都市圏への集中による定数是正によって「鳥取・島根」「徳島・高知」で、県の枠を超えて選挙区を統合した「合区」が導入されたため、自県から候補者を出せない県の候補者を比例代表の側で優先的に救済する目的で導入されたものだ。今後、「一票の格差」是正による定数の見直しが進めば、県を越えた「合区」はさらに増えるだろう。さまざまな事情に合わせて改正を加えていった結果、「つぎはぎだらけ」になった極めて分かりにくい選挙制度と言うしかない。

選挙制度を議論する前提として、まず各院がどういう任務を担うのかという理念を定める必要がある。衆院が「政権を選択」するという役割を担うのならば、参院は衆院に対してどういう役割を果たすのかを定め、そのための選挙制度にしなければならない。例えば、各地方からの代表という性格を参院に与えるのならば、各州から二人ずつ選出される米国の上院のように、各都道府県に定数を二ずつ割り振るという考え方もあるだろう。

これは「全国民を代表する」（憲法四三条）という国会議員の憲法上の位置付けや、衆参の権限の在り方にも関係し、憲法改正が絡む議論になってくる。

過去の選挙制度の議論で置き去りになっているのが、地方議会の選挙制度だ。都道府県議選挙では、一つの選挙区から複数選ばれる「大選挙区制」が実施されているところもある。国政が「政党本位」の選挙を謳っているのに対し、地方議会の選挙は「政党本位」になっていない。これは政党の在り方とも深く関わる課題だ。政党は本来、地方組織に基盤を置く構造であるべきだ。しかし、地方議会と国会の選挙制度が異なるために、地方組織から党本部までが「政党本位」を一貫させる党体制が構築できなくなっている。地方議会の選挙制度の見直しは極めて重要な検討課題だ。

政党交付金の配分方式

政党助成制度は一九九四年の政治改革関連法によって導入された。政治家個人への企業・団体献金の規制を強化する一方で、政党へ資金を助成し「政党本位」の政治へと転換させるのが狙いだった。国民一人当たりコーヒー一杯分二五〇円という計算で、現在は約三二〇億円が税金から政党に交付される。ただ、各政党への交付額は所属国会議員の数などに比例して決められており、多数党、すなわち政権政党に有利な仕組みになっている。

また、一月一日時点で五人以上の国会議員が集まって新党を作ればその年の交付金が受け取れるため、年末年始に政党の離合集散が繰り返される一因にもなっている。その結果、野党が小党に分立すれば選挙では政権与党が有利になる。

政党助成制度は政権をチェックする野党を育てるため、現行の配分方式を見直すことを検討したい。単純に議員の数に比例して配分するのではなく、野党への配分を厚くしたりするなどの工夫を加える必要がある。先に述べたように、女性議員の割合が高い政党には配分を厚くして、女性議員を増やす手段として使うことも可能だろう。

現在、共産党だけは政党交付金を受け取っていない。共産党は「国民本位の政治を貫くためには、国民との結びつきを通じて自主的に活動資金をつくるべきだ」とし、現在の制度では

「国民は支持していない政党にも強制的に寄付をさせられることになり、「思想の自由」を踏みにじる憲法違反の制度だ」とも主張している。もっともな主張ではあるが、個人献金などが根付いていない日本で直ちに政党交付金を廃止すれば、企業などからの「裏金」が横行するようになる恐れもある。また、各党本部への交付金は執行部に権力が集中する一因にもなっている。政治献金、政治資金パーティーも含めて政治資金の在り方は抜本的に見直すべきだ。

三　政党の改革

地方組織の権限強化

政党は国民と政治をつなぐ重要な「回路」だ。有権者の声を政治に反映させていくとともに、有権者に対して政策と候補者を提示するという重い役割を担っている。

政府と与党の関係は、「政高党低」や「党高政低」という言葉があるように、その時々の政権によって変わる。しかし、不可欠なのは、与党内で活発な議論が行われ、それが政権の政策に反映されることだ。

選挙制度改革によって党総裁（首相）を中心とする執行部に権限が集中することは改革論議の当初から想定されていた。「強すぎる首相官邸」が与党内の議論を封じるような状態は、政党の「回路」としての機能を失わせ、官邸へのチェック機能も低下させることになる。その弊害を除去する党改革が必要だ。

参考になるのは第3章でも紹介した一九九一年五月に自民党が決定した「制度改革に伴う党運営方針」だ。もう少し詳細に説明したい。

運営方針は、政治改革関連法案の議論と並行して、小選挙区制導入後の新しい党体制の在り方を想定して作成された。ポイントは、小選挙区制を柱とする選挙制度によって党執行部に権限が集中するため、「自由闊達な議論の保障」をする仕組みが必要だと指摘し、そのために地方組織の役割を強化して、地方から積み上げるボトムアップの政策決定と候補者選定の方式を打ち出していることだ。

具体的には、政策決定では都道府県支部連合会や選挙区支部が定期的な世論調査を実施したり地域社会の要望を聴く機会を設けたりして、その要望を基に政策を立案する機能を強化するとしている。

候補者の発掘・選考でも地方に権限の多くを委ねている。新人の公認手続きはまず、(1)党本部の候補者選定委員会が行う「衆議院議員候補者資格審査」に合格することが条件だ。その後の選考過程は舞台を地方に移し、候補者は(2)立候補を希望する選挙区の支部に公認を申請し、選挙区の候補者選定委員会の審査を経て党本部に公認を申請するという手続きを取る。さらに

(3)党本部は選挙区支部の選出を尊重して、公認決定を行うとも明記している。候補者選定に当たっては地域の声を優先させ、地域から選びたい人を推し、党本部の関与は手続き上の決定権だけに絞るという方式だ。この方式にすれば、党執行部が公認権を全て握ってしまうことはない。

もちろん、この方式でも党本部が選挙区支部の選定委員会を実質的に支配することは起こり得るだろう。現在でも小選挙区の候補者を決める際、選挙区支部が公募を実施して選考するケースがあるが、実際にはあらかじめ候補者が決まっている「出来レースの公募」も少なくない。しかし、九一年当時の自民党では、候補者の公認権を党執行部が一手に握れば「自由闊達な論議」が保障されなくなる恐れが認識され、公認手続きでの党執行部の権限を弱める方向で検討されていたことが分かる。

先に紹介した通り、民間政治臨調も当時、選挙制度改革に伴う政党の在り方として「党運営における民主政」の必要性を強調し、候補者選定では「党の地方組織の整備」などによる幅広い分野からの人材育成を求めている。

選挙制度改革で比例代表制を重視するならば、先に指摘したように名簿順位の決定権を握る党執行部の権限が強くなる。比例順位の決定手続きにも、どういう基準で候補者を選んだのかを明らかにするなど公開性、透明性を取り入れる工夫が必要になるだろう。

岸田文雄は二〇二一年九月の自民党総裁選で、党執行部への権限集中を防ぐため、幹事長以下の役員の任期を「一期一年、連続三期まで」と制限する案を提唱した。当選一〜三回生がつくった「党風一新の会」も世代交代などを訴えている。だがその主張の視点はあくまでも党本部中心の改革にとどまっており、不十分だ。

政党の改革では「政党法」制定の是非も議論の対象になるだろう。現在、日本には政党を直接規定する法律はない。経済同友会は一三年に政党法の制定を求める提言を行っている。「政党中心の政治」を定着させるために政党の在り方を法律で定めるべきだという主張だ。

ドイツでは憲法にあたるボン基本法二一条に「政党」に関する規定が設けられ、国民の政治的意思形成への協力や党の内部秩序の民主化が定められている。これに従い一九六七年に制定された政党法は党員の権利や意思決定の方式などを詳細に定めている。

日本でも政党助成制度の導入に伴って政党法の議論が行われた結果、中央選挙管理会が政党確認の手続きをとって法人格を付与する「政党法人格付与法」が九四年に制定された。その後、国会の憲法調査会・審査会などでも政党法の議論が行われているが、政党を憲法に明記すべきだという意見や、憲法に明記しなくても法律として政党法を制定すべきだという主張に対して、政治活動に国家権力が介入すべきではないとの反対論も根強い。

野党の党改革

地方組織からボトムアップで積み上げる党組織への改革は、野党こそが取り組まなければならないものだ。野党は衆院選から次の衆院選までの間に、政権への対抗軸となる政策を示し、候補者を決定して政権に代わりうる選択肢として有権者に提示する責任がある。

地域に足場を置いた政策を決定し、候補者を選び出すには、トップダウンによる決定ではなく、地方組織から議論を積み重ねて政策を練り上げる必要がある。地域の声を聴く過程で、支持者を広げ、党組織の足腰を強くすることにもつながる。国政選挙の時に活動の中核となる地方議員を増やす可能性も生まれるだろう。現在は地方の首長選挙で各党相乗りのケースも多いが、安易な相乗りはやめて独自候補を立てることが、地力を強化し、有権者の認知度を高めることにもなる。こうした地道な取り組みを衆院選の直後から始め、政策に関しては最終的には党大会で政権公約として決定するという手続きを踏むべきだ。候補者の選考も地方組織から出したい人を選び出すという方式で、地域に浸透していく必要がある。

ところが、今の野党は選挙の直前に公約を発表している。ある野党幹部は「早々と公表すると、都合のいい部分を与党に取り込まれてしまう」とその理由を説明する。しかし、政権選択を迫る選挙であるならば、政権を取った時の政策を野党こそが明確に示し、有権者に浸透させなければならない。

二〇二一年一〇月の第四九回衆院選では接戦となった選挙区で野党統一候補は自民党候補に競り負けた。土壇場で力を発揮するのは、地域にしっかりとした基盤を築けているかにかかっている。政権交代を目指す野党は、政策作りや候補者選びを通じて地方組織を強化する地道な努力が求められる。

四　国会改革

臨時国会の召集義務

国民の代表である国会は「国権の最高機関」である。その改革がこれまでの政治改革では置き去りにされてきた。国会の改革は選挙制度や政党の抜本的な改革よりも取り組みやすい課題であるはずだ。国会審議の在り方を見直すとともに、行政監視機能を強化する改革に早急に取り組むべきだ。

国会は与野党が論戦をかわすことを通じて、その時々の政治的な重要課題に対する各党の見解を明らかにし、次の国政選挙に向けて有権者が選択する判断材料を示す機能を持つ。特に政権選択の機会となる衆院選に向けて、衆院はその機能を重視すべきだろう。

国会での審議を充実させるためには、まず国会が「開かれている」ということが大前提になる。政権は憲法に明記されている議員からの臨時国会の召集要求に必ず応じるよう運用を見直し、通常国会の会期延長と合わせて事実上の「通年国会」とするべきだ。国会がほぼ年中開かれている状態にして、与野党は法案の審議を徹底的に行うという改革が必要だ。

安倍、菅両政権は国会審議に後ろ向きで、憲法五三条の「総議員の四分の一以上の要求」に基づく臨時国会召集の要求を拒否してきた。自民党が野党時代の二〇一二年四月に策定した憲法改正草案が、議員からの要求があれば「二十日以内」に臨時国会を召集しなければならないと規定しているのは先に指摘した通りだ。

一七年には野党が森友、加計学園問題を追及するため五三条に基づいて臨時国会の召集を要求したのに対して、安倍政権はこれに応じず、要求から九八日後に召集し、冒頭で衆院を解散した。野党議員はこの対応を「憲法違反だ」として那覇、東京、岡山の三つの地裁に損害賠償を求めて提訴した。三地裁はいずれも原告の賠償請求などの要求を退け、二一年三月二四日の東京地裁判決は違憲性についての判断を示さなかった。しかし那覇、岡山両地裁は召集に関する内閣の法的義務を認める判決を下している。

二〇年六月一〇日の那覇地裁判決は、臨時国会の召集について「憲法に基づく召集の義務があり、召集するかしないかについて、内閣に認められる裁量の余地は極めて乏しい」と指摘。二一年四月一三日の岡山地裁判決も、五三条に基づく臨時国会の召集は「少数派の意見を国会に反映させるという趣旨に基づき」「単なる政治的義務ではなく、憲法上明文をもって規定された法的義務である」とし、「内閣は合理的期間内に召集すべき憲法上の法的義務を負い、〔召集拒否は〕違憲と評価される余地はある」との判決を下している。二二年一月二七日の控訴審判決でも広島高裁岡山支部は一審判決を支持した。地裁、高裁レベルでの判断とは言え、政権側は重く受け止めなければならない。

対処策としては、最終的には憲法改正によって自民党の改憲草案のように召集期限を明記する必要があろう。しかし、改憲の議論は直ちには進まない。まず議院運営委員会などで協議し、要求に応じた早期の召集を内閣に事実上義務付けることを与野党で確認するなど、運用による改善を実現すべきだ。

事前審査と党議拘束の見直し

国会審議を充実させるためには、与党による法案の事前審査と党議拘束の在り方も見直す必要がある。自民党の政務調査会、総務会での了承を経なければ法案が閣議決定されないというのは法的根拠のない慣行にすぎない。ただし、政策立案の過程で与党議員の声を聴く機会を作らなければ、国会議員が地元情報を政策に反映させる「回路」も塞いでしまう。一定の議論の場は設ける必要があろう。

事前審査を一時廃止したのが〇九年の民主党政権だった。政府と党の一元化を掲げた鳩山由紀夫政権は、党の政策調査会を廃止した。しかし、政務三役に就かず政策決定に関与できない議員らの不満が募ったため、次の菅直人政権は一元化を修正し、政策調査会を復活させた。さらに菅後継の野田佳彦政権では政策調査会に法案の事前審査の権限を認めた。

法案策定に与党議員をどこまで関与させるかは、このように難しい課題だ。一方、公開されない事前審査では政策の決定過程が不透明になってしまう。さらに、安倍政権のように官邸主導の政策決定が強まれば、事前審査すら形骸化し、政策決定過程はますます見えなくなってしまう。事前審査の在り方は、国会での法案審査を中身の濃いものにすることを目標に抜本的に再検討すべきだ。

党議拘束の在り方も検討を要する。政党が法案の採決に際してまとまった対応を取るのは政党として当然のことではある。ただし、どの法案に、どの段階で党議拘束を掛けるのかは再考を要する。現在は、法案の国会提出前の事前審査了承の段階で党議拘束を掛けているが、そのために国会審議が空洞化している。政権公約などに関わる法案を除き、一般の法案に関しては委員会での審議は各議員の自由な発言に任せ、党議拘束を掛けるならば本会議での最終的な採決の段階にするべきだ。一方、個人の価値観、死生観などに関わる法案では党議拘束を外し、各議員の判断に任せるべきだ。脳死を人の死と認めるかが問われた臓器移植法案の一九九七年の本会議採決では、共産党以外の各党は党議拘束を外した。

事前審査や党議拘束の在り方を見直すよう求める提案は一九九〇年代から行われているが、いまだに実現していないものだ。

基本的政策での論戦を

国会が常に開かれていれば、与野党の論戦も変わってくるだろう。国会審議の活性化は何よりも政権に対するチェック機能を発揮することになる。

現在は国会の檜舞台であるテレビ中継の入る予算委員会でも、野党側の質問は多くの時間が疑惑や不祥事の追及などに割かれ、それも独自調査ではなく週刊誌報道などに基づくものが多い。本来議論すべき社会保障や財政、経済、外交・安全保障などに関する骨太の議論が行われていない。これは現在の野党だけの問題ではなく、自民党が野党の時代も同様に政権の不祥事追及に多くの力を傾注していた。

さらにメディアの報道で取り上げられるのは、こうした追及の場面がほとんどだ。疑惑や不祥事の追及は確かに重要なテーマである。しかし、そうした場面を報道で見ている有権者には「野党はあら探しばかりしている」「政権の揚げ足取りに終始している」と映るだろう。野党が多くの法案の成立に賛成しているという実態は世間ではほとんど知られていない。「反対ばかりしている野党」というイメージが、政権を任せられないという固定観念につながっているのではないか。

野党は国会審議でのテーマの設定を工夫すべきだ。予算委員会での論戦は、新型コロナ感染症対策など、その時点での最も重要な課題や、社会保障や財政、経済、外交・安全保障など国家の根幹に関わる基本的な政策に関する議論を行い、疑惑や不祥事の追及に関しては予算委ではポイントを絞り、別途、予算委の集中審議や、政治倫理・公選法改正特別委員会などで行った方が、野党にとっても得るものが大きいと考えられる。

これに併せて国会のテレビ中継の拡充も図りたい。現在、ＮＨＫがテレビ中継するのは慣行によって首相が出席する衆参両院の本会議での各党代表質問と予算委員会の基本的質疑、首相出席の集中審議などに限られている。しかし、首相が出席していなくても注目すべき議論はある。現在は衆参両院のホームページからインターネット中継で全ての本会議、委員会を視聴することはできる。だが、ネット中継でわざわざ国会審議を見ようと考える人は少ないだろう。特に国会が平日の昼間に開かれている現状では、働く人や学生は見る時間がない。

法政大学教授の上西充子らは二〇一八年六月の働き方改革関連法案の国会審議をきっかけに、普段の報道番組では取り上げられない国会審議のやりとりを街頭で上映する「国会パブリックビューイング」を始めた。上西は「〔国会審議を〕切り貼り編集はせずに切り出しただけのそのままの「やりとり」を示すと、あえて論点をずらして不都合な問題に向き合わずに済ませている政府側の姿勢が浮き彫りになる」(前掲書)と指摘している。

テレビでもそれは可能なはずだ。二一年七〜九月に行われた東京五輪・パラリンピックで、NHKは多くの競技の中継を「サブチャンネル」で放送した。デジタル放送では一つのチャンネルで二つの番組を同時放送できる。これを大いに活用し、昼間に中継すると同時に、重要な審議は録画を夜に放送してもらいたい。

審議の一部を切り取った場面ではない生の「やりとり」の中継映像は質問者、答弁者双方の能力から人柄までを含めて審議の実態を映し出す。質問する側も、答弁する側もいい加減な対応はできなくなるだろう。

工夫が必要な党首討論

党首討論は、その存在意義を否定すべきではない。逆に存在意義が発揮できるように、開催方式について工夫を凝らすべきだ。先に述べた通り、安倍晋三、枝野幸男という当時の与野党の代表が一八年の党首討論を巡って「歴史的使命は終わった」と発言した。しかし、政党党首が国家の基本的政策について見解を戦わせ、与党党首(首相)の側の「反問権」も認めて議論を深める党首討論を開催する意義は今も失われていないはずだ。

党首討論は二〇〇〇年の導入の際、「毎週水曜日に開催」することを原則としながら、首相が本会議や予算委員会などに出席する週は開催しないという例外規定が設けられた。このため毎週開催の原則が崩れ、徐々に開かれなくなった。一四年五月に自民、民主、公明、維新など与野党七党の国会対策委員長が合意した「国会審議の充実に関する申し合わせ」は、党首討論は「首相が国会に出席する週であっても弾力的な運用を図り、毎月一回実施」するとし、水曜日に加えて月曜日を予備日にした。毎週開催からの後退ではあるが、この申し合わせすら今は反故にされている。

この状況を踏まえて、自民党筆頭副幹事長だった小泉進次郎が事務局長を務めた「「平成のうちに」衆議院改革実現会議」は一八年七月、「国民への説明責任を強化するため」、(1)党首討論を二週間に一回、討論のテーマを決めて開催、(2)夜に開催し、より多くの国民が視聴できるようにする——との提言を議長に提出している。

本会議や予算委員会と同様に、平日の昼間に党首討論のテレビ中継を見られる人は限られる。しかし、午後八時から毎週、あるいは二週間に一回でも必ず開催してＮＨＫで中継すれば、党首討論を見る人も増えるだろう。視聴者が増えれば、討論の出来、不出来は党の支持に跳ね返ってくる。討論は充実したものになるはずだ。開催回数が増えれば、野党側も話し合って出番を調整し「一対一」の討論とすることもできる。一回が四五分間でも十分、議論を深めることができるだろう。

一般の委員会での質問時間の配分も見直す必要がある。安倍政権は一七年秋の特別国会で、それまで「与党二」に対して「野党八」と野党側に傾斜配分されてきた質問時間を見直すよう主張した。結局、この国会の衆院の予算委員会での質問時間の配分は「与党五対野党九」で折り合った。翌一八年の通常国会では「与党三対野党七」となったが、与党側には配分時間を増やすよう求める声が強い。

しかし、政権を構成する与党議員の質問は当然、政府を追及するものにはならない。首相を持ち上げるような発言に終始することもあり、貴重な審議時間を浪費するだけの場合が多い。質問時間は野党側に大半を配分するのが当然だろう。

国政調査権の発動要件の緩和

政権の国会軽視の姿勢を正していくために、国会の行政監視機能の強化も急務だ。前衆院議長の大島理森は「法改正も視野」に監視機能の強化を検討すべきだと指摘した。当面可能な対応は、国政調査権の発動要件の緩和だ。憲法六二条が「両議院は、各々国政に関する調査を行ひ、これに関して、証人の出頭及び証言並びに記録の提出を要求することができる」と規定する国政調査権は、議院だけでなく委員会としても行うことができる。ただ、議院、委員会の決定として行うため、多数派の賛成がなければ正式に発動できない。

内閣を構成する多数派の与党が内閣をチェックする国政調査権の発動に積極的に同意することは通常あり得ない。森友学園問題では一七年三月に当時の学園理事長の証人喚問が衆参両院で実施された。しかし、これは理事長が首相・安倍晋三から一〇〇万円の寄付を受け取ったと発言したため、首相に対する疑惑を払拭する目的で証人喚問したものだ。行政の監視ではなく、首相を守るために民間人を国会に喚問するという本来の国政調査権とは真反対の目的での行使だった。

国政調査権は発動しやすくするよう要件を緩和し、一定数の議員の要求があれば発動できるルールを与野党で早急に協議すべきだ。また、現在でも衆院では一定数の議員の要求で、院の調査局長や法制局長に国会審議のために必要な調査を命じることができる。「予備的調査」と呼ばれるこの制度をもっと活用したい。

国会審議を活性化させる方策としては、国会運営で野党に一定の権限を優先的に与えることも効果があるだろう。憲法学者で大阪大学大学院准教授の村西良太によれば各国では、予算委員会の委員長ポストを野党第一党に配分する（ドイツ）、議事日程の一部について野党に優先的決定権を与える（フランス）、少数議員の申し立てによる国政調査権の発動を認める（ドイツ）などの例（「両院制にとどまらない国会の憲法問題」『統治のデザイン』弘文堂）があるという。

野党の権限を強化することが、政府に対する行政監視の機能を高め、ブレーキ役としての野党の存在意義を高めることにもなる。政党間の競争が激しくなれば、選挙の投票率向上につながることも期待できる。

衆参の「ねじれ国会」

平成期に、政局に大きな影響を及ぼす要因として改めて注目されたのが、衆院と参院で多数派が異なる、いわゆる「ねじれ国会」だ。政権与党が参院で敗北して過半数の議席を失った場合、衆院で通過した法案が参院で否決されたり、衆参両院の可決を必要とする国会同意人事が参院で認められなかったりして、政権が行き詰まったり、政策の決定に時間がかかったりする事態が相次いだ。一九九〇年以降の参院選では九八年の橋本政権の敗北、二〇〇七年の安倍政権の敗北、一〇年の民主党・菅政権の敗北で、「ねじれ国会」の期間が生じている。

衆参ねじれ状態による国会の対立・混迷は「決められない政治」と批判されることがある。しかし、二院制をとる以上、参院選の結果も「民意」であり、「再考の府」として慎重な議論を求める参院の機能を発揮しているとも言える。強すぎる政権による「何でも決められる政治」が必ずしも適切な訳ではない。

ただ、ねじれ国会が政局の混迷を招くという事態が生じたのも確かだ。憲法は法律案の議決

（五九条）と予算の議決（六〇条）、条約の承認（六一条）、首相の指名（六七条）について衆院の優越を認め、内閣不信任決議案（六九条）と予算先議権（六〇条）などを特別に衆院に認めている。ただ、五九条は単純な優越を認めたものではなく、衆院で可決された法案が参院で否決された場合は、衆院で「出席議員の三分の二以上の多数」で再可決すれば法律になるという手続きを規定している。しかし、政権与党が衆院の三分の二以上の議席を確保している状態にあることは多くはない。

国会同意人事の場合は衆院による再可決の手続きもなく、衆参両院で可決されなければならない。例えば日銀法二三条は「総裁及び副総裁は、両議院の同意を得て、内閣が任命する」と規定している。ねじれ国会状態だった〇八年の福田政権では、民主党が日銀総裁の人事案に参院で反対し、中央銀行の総裁が一時空席となる戦後初めての異例の事態に陥った。

衆参の多数派が一致している場合は、参院は「衆院のカーボンコピー」と呼ばれ、不要論が主張されることもある。一方で、ねじれ国会になると一転して「強い拒否権」を持つことになり、参院が政局を動かす存在になる。

今後も二院制を維持していくとしても、参院が衆院とほぼ同等の権限を持つ現状のままでいいのかを検討する必要がある。この問題を考える際には、衆参各院の役割の在り方を検討しなければならない。当然、その任務に合わせた議員の選出方法（選挙制度）の在り方も議論の対象になる。参院改革は議長の下で何度も改革案が検討されており、決算審査の充実を図るなどの改革は行われている。だが、衆参の役割分担の議論は深掘りが不十分なままだ。

一九八九年の自民党の政治改革大綱も、参院改革に関しては「参議院の独自性の発揮」の項目で「衆議院に対する抑制・均衡・補完の機能を通じて、衆議院とは異なった役割をはたす」と指摘しているだけで、衆参両院の権限の在り方は検討の視野に入っていない。

一方、第5章で紹介した民間政治臨調の九三年六月の「民間政治改革大綱」は衆参両院の役割分担の明確な仕分けを提起している。憲法改正によらない運用の範囲内で、衆参両院の関係を整理すべきだという問題意識が民間政治臨調にはあった。

衆参両院関係の見直しはその後、手付かずのままになっている。本格的な議論に取り組みたい。

五　政官関係の見直し

透明性ある人事を

政治と官僚の関係の見直しは、官僚が志を持って本来の業務である政策の企画・立案、執行に取り組めるような人事体制、勤務環境を作り出すことが最大の目標になる。まず取り組むべきなのは、内閣人事局の運用の見直しだ。「縦割り行政・省益優先の打破」は確かに必要ではあるが、過剰な政治主導が官僚機構との関係を歪めている現状は見過ごせない。

各省庁には時代の要請に沿って新たに企画・立案をする政策・法案とともに、何年か置きに定期的に取り組まなければならない制度改正がある。厚生省(現・厚生労働省)の事務次官OBで村山政権(一九九五年二月)から小泉政権(二〇〇三年九月)まで内閣官房副長官を務めた古川貞二郎は、厚労省の場合、数年置きに年金改正や医療保険見直しが課題となる節目があると指摘。「そうした重要な仕事を将来、誰に託したらいいのか、そのためにどういうポストを経験させたらいいのかを常に考えていた」(『私の履歴書』日本経済新聞出版社)と述懐している。また省庁再編に取り組んだ官房副長官時代に、統合される省庁の事務次官に対して七、八年先の次官候補者のリストアップを求めたが、出てきた候補者の数は少なく、「霞が関では次官になる人材は次第に衆目が一致してくる」とも述べている。

こうした各省庁が抱える重要政策・制度改正の中身やスケジュールを把握し、数年先までを見越した人材の適格性、育成・登用を内閣人事局が一括して管理できるのかは疑問だ。内閣人事局は「能力主義」を掲げるが、能力主義では官僚人事の政治色が強くなり、特定の政治家とのつながりで重用されるというケースが出てくる恐れもある。「忖度官僚」が生まれるのは、まさに特定の政治家、特に首相とその周辺に「気に入られる」ことが出世につながるからだろう。古川は「国家公務員人事の中立公正性を担保することはなかなか難しい」と指摘する。

内閣人事局を設置する根拠となっている国家公務員制度改革基本法は、二条の「基本理念」で「政府全体を通ずる国家公務員の人事管理について、国民に説明する責任を負う体制を確立すること」とし、内閣人事局を設置するに当たって「内閣官房長官は、政府全体を通ずる国家公務員の人事管理について、国民に説明する責任を負う」(一一条)と明記している。

説明責任を果たすためには、その人事の「妥当性」を説明できる一定の基準が必要になる。さらに基準が適切なのかを外部から判断できる「透明性」も不可欠だ。元人事院審議官で京都大学大学院教授の嶋田博子は「人事過程がブラックボックスという慣行の下では過剰な迎合を招きやすい」と指摘し、幹部人事の一元管理について「幹部ポストについては政治的な政策の優先順位を踏まえ、具体的職務内容と要求される能力経験をあらかじめ作成・公開した上で、人選には政治は関与せず、事後的に選任理由を説明する運用」を行うべきだと提言(『政治主導下の官僚の中立性』慈学社出版)する。

改正国家公務員法は幹部公務員人事について、内閣総理大臣は「幹部職に属する官職に係る標準職務遂行能力を有することを確認するための審査(「適格性審査」)」を行うとしながらも、任命権者は「あらかじめ内閣総理大臣及び内閣官房長官に協議した上で、当該協議に基づいて行うものとする」として、人事権はあくまでも各省大臣に残している。

内閣人事局は幹部ポストに要求される能力・経験の基準を事前に公開するなどの「透明性」を確保した上で「幹部候補者名簿」を作るにとどめ、実際の人事は人事権を持つ大臣が行う運用にすべきだ。そうでなければ首相官邸の方ばかりを向いた「忖度官僚」がこれからもはびこりかねない。

二〇二〇年秋に、日本学術会議が推薦した新会員六人の任命を首相の菅義偉が拒否した際、菅は「個別の人事に関することはコメントできない」と説明を拒んだ。しかし、公平・中立な人事にこそ「説明責任」が伴うのだということを改めて強調したい。

官邸主導のための人員配備

政策決定における官邸主導の体制自体は間違ってはいない。しかし、一方的に政策を省庁に押し付けるようなやり方は改めるべきだ。『ブラック霞が関』の著者、千正康裕は「官邸主導は重要だが、それを実行する人員の配備とともに行うべきだ」と求める。現場の実情を無視して官邸主導で新たな政策の立案・執行を命じる結果、現場の官僚に過重な負担がかかっている。その解消には求める政策の立案・執行がこなせるだけの人員も併せて配備すべきだというのが千正の主張だ。各省庁との事前の連絡も密にしながら、人員配備まで目配りした政策決定を行うのが官邸主導の本来の在り方だろう。

行き過ぎた官邸主導に伴って、内閣官房や内閣府の役割が膨れ上がりすぎているという問題もある。二〇一五年九月四日に成立した、いわゆる「内閣官房・内閣府見直し法」は内閣の重要政策について、(1)内閣官房や内閣府は政策の方向付けに専念し、(2)各省が中心となって細かく政策を推進できるようにする——としている。その方向性を再確認すべきだ。

国家の基盤を支える国家公務員がこれ以上、やせ細ってしまっては日本の行政が成り立たなくなる恐れがある。超長時間労働と押し付けられる課題の増大で、体を壊したり心身が病んだりして途中退職する公務員が増えている。学生にとっては、超長時間労働の上、国会で追及の矢面に立たされる場面ばかりが報道される国家公務員は魅力的な就職先には見えないだろう。

人事院は二一年八月の内閣への勧告で、国家公務員の志望者を増やすための取り組みを強化するよう求めた。二一年六月に早稲田大学大学院教授から人事院総裁に就任した川本裕子は「人材確保は喫緊の課題だ」として、仕事と家庭生活の両立が図れるような長時間労働の是正や、男性職員が育児休業をより多く取れるようにする制度改正などを訴えている。

人事院勧告は、現状の勤務は緊急の事態への対応や内閣の重要政策の業務に対応するために限られた人員で超過勤務で対応せざるを得ない状況にあるとして「業務の合理化等を行った上で業務量に応じた要員が確保される必要がある」と指摘している。特に超過勤務の原因に挙げているのが国会対応の業務だ。勧告は、国会審議での質問通告を早く行うことや、議員への政策・法案の説明をオンラインで行えるようにするなどの改善策を国会に求めている。これらはすぐにでも実現できる国会改革のテーマだろう。

六　国民との信頼の修復

社会の構成に近付ける

政治と国民とを結び付ける基礎は「信頼と共感」だ。国会に関しては、社会の構成を反映した議員構成となるように変えていく必要がある。国民感情からずれていると思われるような国会は「国民の代表」だと胸を張ることはできないだろう。まずは女性議員を増やしていくことが急務だ。さらに、あらゆる階層、年代から選挙に出やすくするよう制度を整えなければならない。若い世代の候補者が増えれば、今は投票率が低い若い世代も投票に足を運ぶようになるだろう。

政権は、国民に誠心誠意、語り掛けていく姿勢が求められる。第二次岸田内閣は二〇二一年一一月一〇日に閣議決定した「基本方針」で、「一人一人の国民の声に寄り添い、その多様な声を真摯に受け止め、かたちにする、信頼と共感を得られる政治を実現する」「国民の声を丁寧に聞き、政策に反映させていく」と明記した。

その実行のためには、首相の記者会見の定例化を求めたい。それも時間を区切らず、質問が途切れるまで行う。回答に対する「再質問」を認め、丁々発止のやりとりを行うという本来の記者会見だ。官邸主導にはそれに見合った説明責任が伴う。その責任を果たせない首相は、国民の信頼を失うことを肝に銘じてもらいたい。

主権者教育の充実を

そして多くの有権者が投票所に足を運び、自分たちの代表を選ぶような政治を作りだしたい。有権者の半数近くが選挙権を行使しないという状態を脱する必要がある。そのためには選挙制度が今のままでいいのかを再検討するとともに、現行制度の下でも政党間の競争を高めていく必要がある。与野党が有権者に魅力のある政策と候補者を示して競い合えば、投票率は確実に高くなっていくだろう。政党の責任は重く、各党ともに地域組織を強化し、地域から政策を練り上げ、出したい候補者を選び出していくような党改革に取り組まなければならない。

選挙権は一六年に「一八歳以上」に引き下げられた。しかし、一八、一九歳の投票率は低く、さらに低いのが二〇歳代の投票率だ。投票率の向上には、中学校や高校での「主権者教育」を充実させる必要もある。文部科学省は一八歳選挙権の動きを受けて一五年に、「議会制民主主義など民主主義の意義、政策形成の仕組みや選挙の仕組みなどの政治や選挙の理解に加えて現実の具体的な政治的事象も取り扱い、生徒が国民投票の投票権や選挙権を有する者として自らの判断で権利を行使することができるよう、具体的かつ実践的な指導を行うことが重要」とする通知を出している。

ただ、通知は同時に「学校は、教育基本法に基づき、政治的中立性を確保することが求められるとともに、教員については、学校教育に対する国民の信頼を確保するため公正中立な立場が求められて」いるとも言及しており、現場の教員らが戸惑う原因となっている。

主権者教育では「政治的中立性」に厳格に縛られず、具体的な事象を取り上げて生徒に考える機会を与えることが重要だろう。

将来を担う若い世代が「自分たちの将来にとって、政治は無関係なものではない」と考え、投票に行くことで、その声を無視できない政治自体も変わっていく。教育現場での「主権者教育」の重要性を強調したい。

終章

まとめ
——将来を見据えた議論を

政治の現状に向き合えば、選挙制度から国会、政党、政官関係など多岐にわたる分野で見直しが求められているのは明らかだ。ここまでさまざまな提言を行ったが、その中には議論に時間がかかるものもあるし、実現には大変なエネルギーを要する課題もあるだろう。一九九〇年代の政治改革の議論は自民党内の政局も絡み、国会議員にも熱気があった。「熱病」が政治を動かしたとも言われる。今の国会議員からはそうした熱意は感じられない。特に選挙制度は議員自らが選ばれた仕組みだけに、その変更を現職議員から言い出すとは考えにくい。

しかし、そこに課題があるのならば放置はできない。問題点を洗い出し、取り組める解決策から急いで実現していくとともに、実現が難しいと考えられる課題についても、まず議論を始めていくべきだ。それは「熱病」のような議論である必要はない。将来を見据えた冷静な議論に取り組みたい。

常設の協議機関設置を

列挙した課題の中にはすぐに実現できるものも多い。国会改革は前衆院議長・大島理森が求めたように与野党で早急に協議を始めるべきテーマだ。事実上の通年国会化や国政調査権の発動要件の緩和など、長年議論されてきている課題も多く、各党、議員にその意思があればすぐにでも実行できる。与党による法案の事前審査の在り方なども試行錯誤が続いてきたが、国会と内閣、与党の関係を整理して在るべき法案審議の姿を早急に議論すべきだ。

政党の改革は、これこそ各政党の生き残りを懸けた課題になる。特に野党は党の存亡を懸けた真剣な取り組みが求められる。選挙で本当に力を発揮し、政権交代への足掛かりを築くためには地域組織から底力を付けていく必要がある。地域に張り付いた、粘り強く地道な活動が将来を切り拓くことになる。

政官関係の在り方は、運用で見直しができるものだ。歪んだ不正常な関係を正すために、政権が明確な指針を示す必要がある。

一番、困難だと考えられるのは、やはり選挙制度の改革だ。しかし、今の制度のままでいいのかという不断の見直しは、現職の国会議員の責務だと指摘したい。

二〇一六年に「一票の格差」是正のために選挙制度を議論した「衆議院選挙制度に関する調査会」は答申で、「現行の小選挙区比例代表並立制を維持する」としながらも同時に、選挙制度の不断の見直しに取り組むよう求めた。この答申を踏まえて、一六年五月に成立した選挙制度改革関連法は付則五条で「この法律の施行後においても、全国民を代表する国会議員を選出するための望ましい選挙制度の在り方については、民意の集約と反映を基本としその間の適正なバランスに配慮しつつ、公正かつ効果的な代表という目的が実現されるよう、不断の見直しが行われるものとする」と明記している。この付則に従って、国会議員自らが今の選挙制度のままでいいのかを考え、各党で協議を始めるべきだ。

ただし、自発的な取り組みが見込めないのであれば、やはり「選挙制度審議会」のような第三者機関を設置する必要があるだろう。かつて法学者の高柳賢三は「選挙の公正を保障するための憲法上の機関」としての「選挙委員会」の設置を提案したことがある。「憲法上の機関」とは位置付けなくても、選挙制度の在り方を議論する常設の第三者機関の設置を求めたい。常設機関では当然、衆参両院の関係はどう在るべきかを規定した上で、そのための両院の選挙制度改革案を同時に示すべきだ。手付かずになっている地方議会の選挙制度も併せて議論する必要がある。公選法の抜本改正などの課題も、この機関で選挙制度とともに議論すればいい。

憲法改正論議への臨み方

選挙制度や国会の在り方の議論が進めば、憲法改正との関わりが出てくる。例えば、衆参両院の関係を議論していけば、憲法が規定する両院の権限の在り方を再考する必要性が生じるだろう。しかし、憲法改正に関して国会で具体的な条文案の合意を作り上げ、国会発議から国民投票まで持っていくのには大変なエネルギーと時間を要する。改憲の議論に入り込む前に、現行の仕組みの中で実行できるものから改善していくべきだ。法律に基づかない慣行や運用の見直しは、すぐにでもできる。国会法などの法改正で対応が可能な課題も多い。必要なのは「やる」という各党、議員の意思だけだ。

ただ、抜本的な改革に向けた憲法改正の議論にも並行して取り組んでいく必要がある。自民党は憲法九条への自衛隊明記など四項目の改憲条文案をまとめて議論を急ぐよう主張している。しかし、本当に必要なのは統治機構の議論だ。

衆院憲法審査会の事務局が二〇一二年にまとめた「国会」関連の主な論点表は、国会の地位、二院制の是非と役割分担、国会議員の選出方法、会期制の在り方、国政調査権、閣僚の国会出席の義務、政党法の是非、議員歳費など議員の特権の問題――などを課題として列挙している。さらに七条か六九条か長年議論のある解散権の問題や、地方自治の規定の充実なども議論すべきだろう。

国会の憲法審査会は「与野党」対決の場ではなく、各党の議員が対等の立場で憲法について自由闊達に議論する場だ。統治機構はどう在るべきなのか。そのために憲法の条文を改正する必要があるのか。あるいは法律の改正や運用で解決できる課題なのか。そして、どうしても改憲の必要性があるのならば、どの条文をどう改正するのか。徹底した議論を尽くす必要がある。

主権者として声を上げる

最後に、私たち主権者が声を上げていくよう呼び掛けたい。政治は国会議員や政党のものではない。主権者一人一人のものだ。政治の決定によって私たちの暮らしは大きく変わる。特に、新型コロナ禍のような危機の事態には、平時以上に政治の決定が私たちの日々の生活から将来設計にまで直結する。その政治を、国会議員や政党に「白紙委任」することはできない。政治に関心を持ち、「おかしい」と思うことには声を上げていきたい。劣化が指摘される政治の現状はもはや放置できない。

政治との関わり方は、まず投票に行くことだ。「投票しても政治は変わらない」という声を聞くが、そんなことはない。過去四回の衆院選では、五〇%台という極めて低い投票率が続いている。投票率が一〇ポイント上がれば、政治は確実に変わる。政党や議員は「民意」に敏感にならなければ生き残れないと意識するようになるからだ。二〇ポイント上がれば、さらに政治は大きく変わる。

投票すればそれで終わりではない。忙しい生活の中で政治を常に意識するのは難しいかもしれない。しかし、今、何が問題になっていて、何が行われようとしているのかを少し気にかけ、声を上げていきたい。インターネットの時代は誰でもが発信者になれる。無責任な誹謗中傷は許されないが、SNSなどを使って意見を伝えていくだけでも、政治は変えられる。

安倍政権が憲法改正の国会発議をやりやすくするため二〇一三年に、発議に必要な要件を「総議員の三分の二以上の賛成」から「過半数の賛成」に緩和する憲法九六条の改正案を打ち出したとき、真正面からの議論を避けて手続きのルールを変えようとする「裏口入学だ」などと厳しい批判が巻き起こり、断念した。政権に近い検事を優遇するために検察庁法を改正しようとしたときも、「検察庁法改正案に抗議します」とハッシュタグをつけたツイートが相次ぎ、大きな世論のうねりにつながった結果、政権は改正案の成立を諦めた。

首相の岸田文雄が自民党総裁選で「政治に自分たちの悩み、苦しみが届いていない。政治の根幹である国民の信頼が崩れている」と訴えたのは、政局に利用するための発言だったかもしれない。しかし、その結果、自民党議員は浮足立ち、政局は現実に動いた。政治は国民の声を無視できないことの表れだ。小さな「つぶやき」でも、それが伝わり、広がっていけば政治は変えられる。

健全な民主主義を機能させるために、私たち一人一人が持っている主権者の力を発揮したい。

参考文献

浅野一郎編『国会入門――あるべき議会政治を求めて』信山社、二〇〇三年
朝日新聞取材班『権力の「背信」――「森友・加計学園問題」スクープの現場』朝日新聞出版、二〇一八年
朝日新聞取材班『自壊する官邸――「一強」の落とし穴』朝日新書、二〇二一年
芦部信喜(高橋和之補訂)『憲法　第七版』岩波書店、二〇一九年
新しい日本をつくる国民会議編『政治の構造改革――政治主導確立大綱』東信堂、二〇〇二年
飯尾潤『日本の統治構造――官僚内閣制から議院内閣制へ』中公新書、二〇〇七年
飯島勲『小泉官邸秘録』日本経済新聞社、二〇〇六年
石川真澄、山口二郎『戦後政治史　第四版』岩波新書、二〇二一年
井芹浩文『派閥再編成――自民党政治の表と裏』中公新書、一九八八年
一色清、姜尚中、池上彰、青木理、津田大介、金平茂紀、林香里、平和博『メディアは誰のものか――「本と新聞の大学」講義録』集英社新書、二〇一九年
上神貴佳「選挙制度は今のままでよいか――「総体としての制度改革」の構想」『論究ジュリスト』三三号、二〇二〇年

上西充子『国会をみよう――国会パブリックビューイングの試み』集英社、二〇二〇年
上西充子『政治と報道――報道不信の根源』扶桑社新書、二〇二一年
宇野重規『民主主義とは何か』講談社現代新書、二〇二〇年
老川祥一『政治家の責任――政治・官僚・メディアを考える』藤原書店、二〇二一年
大石眞、大山礼子編著『国会を考える』三省堂、二〇一七年
大下英治『安倍官邸「権力」の正体』角川新書、二〇一七年
大林啓吾、白水隆編著『世界の選挙制度』三省堂、二〇一八年
大曲薫、佐藤令「ドイツの政党法」『外国の立法』二八六号、二〇二〇年
大屋雄裕「並立制・併用制・連用制」『SYNODOS』二〇一二年
大山礼子『政治を再建する、いくつかの方法――政治制度から考える』日本経済新聞出版社、二〇一八年
奥島貞雄『自民党抗争史――権力に憑かれた亡者たち』中公文庫、二〇〇九年
小沢一郎『日本改造計画』講談社、一九九三年
加藤秀治郎『日本の選挙――何を変えれば政治が変わるのか』中公新書、二〇〇三年
河合香織『分水嶺――ドキュメント　コロナ対策専門家会議』岩波書店、二〇二一年
後藤謙次『ドキュメント　平成政治史　一～三』岩波書店、二〇一四年
後藤田正晴『政治とは何か』講談社、一九八八年
駒村圭吾、待鳥聡史編『「憲法改正」の比較政治学』弘文堂、二〇一六年
駒村圭吾、待鳥聡史編『統治のデザイン――日本の「憲法改正」を考えるために』弘文堂、二〇二〇年

佐々木毅『いま政治になにが可能か――政治的意味空間の再生のために』中公新書、一九八七年
佐々木毅『政治はどこへ向かうのか』中公新書、一九九二年
佐々木毅『政治学講義』東京大学出版会、一九九九年
佐々木毅『政治の精神』岩波新書、二〇〇九年
佐々木毅編著『政治改革1800日の真実』講談社、一九九九年
佐藤幸治『日本国憲法論』成文堂、二〇一一年
佐藤誠三郎、松崎哲久『自民党政権』中央公論社、一九八六年
佐藤令「諸外国の選挙制度――類型・具体例・制度一覧」『調査と情報』七二一号、二〇一一年
ジェラルド・L・カーティス『ジャパン・ストーリー――昭和・平成の日本政治見聞録』村井章子訳、日経BP、二〇一九年
宍戸常寿、林知更、小島慎司、西村裕一編著『戦後憲法学の70年を語る――高橋和之・高見勝利憲法学との対話』日本評論社、二〇二〇年
宍戸常寿、石川健治、清水真人、毛利透「座談会・憲法学の75年」『論究ジュリスト』三六号、二〇二一年
嶋田博子『政治主導下の官僚の中立性――言説の変遷と役割担保の条件』慈学社出版、二〇二〇年
清水真人『官邸主導――小泉純一郎の革命』日本経済新聞社、二〇〇五年
清水真人『平成デモクラシー史』ちくま新書、二〇一八年
清水真人、牧原出、松井孝治「鼎談・官を酷使する「政治主導」の歪み」『月刊 中央公論』二〇一八年六

月号
菅義偉『政治家の覚悟』文春新書、二〇二〇年
スティーブン・レビツキー、ダニエル・ジブラット『民主主義の死に方』濱野大道訳、新潮社、二〇一八年
砂川浩慶『安倍官邸とテレビ』集英社新書、二〇一六年
砂原庸介『民主主義の条件』東洋経済新報社、二〇一五年
砂原庸介『分裂と統合の日本政治――統治機構改革と政党システムの変容』千倉書房、二〇一七年
善教将大『維新支持の分析――ポピュリズムか、有権者の合理性か』有斐閣、二〇一八年
善教将大『大阪の選択――なぜ都構想は再び否決されたのか』有斐閣、二〇二一年
千正康裕『ブラック霞が関』新潮新書、二〇二〇年
千正康裕『官邸は今日も間違える』新潮新書、二〇二一年
高橋和之『国民内閣制の理念と運用』有斐閣オンデマンド版、二〇一九年
高橋和之編『新版　世界憲法集』岩波文庫、二〇〇七年
高橋雅人「執政への「民意の反映」」『論究ジュリスト』三三号、二〇二〇年
高見勝利『政治の混迷と憲法――政権交代を読む』岩波書店、二〇一二年
高安健将『議院内閣制――変貌する英国モデル』中公新書、二〇一八年
竹中治堅『首相支配――日本政治の変貌』中公新書、二〇〇六年
竹中治堅『参議院とは何か――1947～2010』中公叢書、二〇一〇年

参考文献

竹中治堅『コロナ危機の政治――安倍政権vs.知事』中公新書、二〇二〇年
田中秀明『官僚たちの冬――霞が関復活の処方箋』小学館新書、二〇一九年
中北浩爾『現代日本の政党デモクラシー』岩波新書、二〇一二年
中北浩爾『自民党政治の変容』NHKブックス、二〇一四年
中北浩爾『自民党――「一強」の実像』中公新書、二〇一七年
中北浩爾『自公政権とは何か――「連立」にみる強さの正体』ちくま新書、二〇一九年
中野晃一『右傾化する日本政治』岩波新書、二〇一五年
成田憲彦「並立制をレビューする」『Voters』一一号、二〇一二年
成田憲彦「連用制とはどういう選挙制度か」『駿河台法学』三〇巻二号、二〇一七年
野口雅弘『忖度と官僚制の政治学』青土社、二〇一八年
野中尚人『自民党政治の終わり』ちくま新書、二〇〇八年
野中尚人『さらばガラパゴス政治――決められる日本に作り直す』日本経済新聞出版社、二〇一三年
濱本真輔『現代日本の政党政治――選挙制度改革は何をもたらしたのか』有斐閣、二〇一八年
古川貞二郎『私の履歴書』日本経済新聞出版社、二〇一五年
細川護熙『内訟録』日本経済新聞出版社、二〇一〇年
前田和敬「日本の選挙制度改革――その経緯と課題」『NIRA研究報告書』一九九六年
前田健太郎『女性のいない民主主義』岩波新書、二〇一九年
牧原出「政権交代ある政治システムにおける新しい憲法と新しい選挙制度」『Voters』一一号、二〇

一二年
牧原出『権力移行――何が政治を安定させるのか』NHKブックス、二〇一三年
牧原出『崩れる政治を立て直す――21世紀の日本行政改革論』講談社現代新書、二〇一八年
マーティン・ファクラー『安倍政権にひれ伏す日本のメディア』双葉社、二〇一六年
待鳥聡史『政治改革再考――変貌を遂げた国家の軌跡』新潮選書、二〇二〇年
三浦まり『私たちの声を議会へ――代表制民主主義の再生』岩波現代全書、二〇一五年
三浦まり編著『日本の女性議員――どうすれば増えるのか』朝日新聞出版、二〇一六年
御厨貴、牧原出『日本政治史講義――通史と対話』有斐閣、二〇二一年
南彰『政治部不信――権力とメディアの関係を問い直す』朝日新書、二〇二〇年
民間政治臨調『日本変革のヴィジョン――民間政治改革大綱』講談社、一九九三年
村西良太「少数派・反対派・野党会派」『法律時報』九〇巻五号、二〇一八年
森功『総理の影――菅義偉の正体』小学館、二〇一六年
森功『官邸官僚――安倍一強を支えた側近政治の罪』文藝春秋、二〇一九年
森功『墜落――「官邸一強支配」はなぜ崩れたのか』文藝春秋、二〇二一年
柳沢高志『孤独の宰相――菅義偉とは何者だったのか』文藝春秋、二〇二一年
山口二郎『政治改革』岩波新書、一九九三年
山口二郎『日本政治の課題――新・政治改革論』岩波新書、一九九七年
山口二郎『戦後政治の崩壊――デモクラシーはどこへゆくか』岩波新書、二〇〇四年

山口二郎『政権交代論』岩波新書、二〇〇九年
山口二郎『政権交代とは何だったのか』岩波新書、二〇一二年
山口二郎『民主主義は終わるのか――瀬戸際に立つ日本』岩波新書、二〇一九年
山口二郎編著『日本政治――再生の条件』岩波新書、二〇〇一年
山本健太郎『政界再編――離合集散の30年から何を学ぶか』中公新書、二〇二一年
吉田徹『二大政党制批判論――もうひとつのデモクラシーへ』光文社新書、二〇〇九年
吉田徹『「野党」論――何のためにあるのか』ちくま新書、二〇一六年
吉田俊弘、横大道聡「どこまで国民は統治に関わるのか」『法学教室』四七〇号、二〇一九年
渡辺恒雄『派閥――日本保守党の分析』弘文堂、一九六四年
ＰＨＰ「統治機構改革」研究会『統治機構改革1.5＆2.0――次の時代に向けた加速と挑戦』ＰＨＰ総研、二〇一九年

あとがき

共同通信社の地方支局勤務を経て、政治部の首相官邸担当に配属されたのは一九九一年四月、海部政権の時代だった。既に小選挙区制を導入する選挙制度改革を巡って永田町は激しく揺れ動いていた。約五カ月後には、自民党内に反対論が根強かった政治改革法案が廃案となる。「重大な決意」を表明し、衆院解散で打開を図ろうとした海部俊樹首相だが、最大派閥の竹下派に抑え込まれて解散を断行できず、退陣に追い込まれた。政治改革を巡る「大政局」の中で、ただ右往左往していたのが政治記者としてのスタートだった。

それ以来、約三〇年間、政治の取材を続けてきた。振り返ってみると、細川護熙首相による選挙制度改革から橋本龍太郎首相の行政改革という平成期の重要な制度改革が、どういう意味を持ち、政治体制にどういう影響を与えるのかを十分に理解できていたとは言えない。現場の動きを追うのが精一杯の日々だった。

二一世紀に入り、政治改革の「効果」は確実に現れ、政治主導、官邸主導の体制が確立されていく。しかし、その内実はどうだったのか。小泉純一郎首相の派手な「劇場型政治」、二〇〇六年の安倍晋三首相から三代続いた自民党政権の迷走、政権交代を実現しながら混乱を極めた民主党政権の約三年三カ月、政権を奪還した第二次安倍政権以降の「一強多弱」体制——。繰り返される混迷と、その反動のような強引な官邸主導を目の当たりにし、これが約三〇年前に熱く議論されていた政治改革の目指していた体制だったのだろうかという疑念が深く蓄積していくようになった。そして、新型コロナウイルス感染症という「一〇〇年に一度」の危機に襲われ、「強すぎる首相官邸」は機能不全をさらけ出すことになる。

本書は二一年一月当時、菅義偉首相がなぜ新型コロナ対応で後手に回り続けるのかを、政治改革の帰結として作り出された官邸主導体制が抱える問題点の観点から読み解けないかと考え、若い学生さんに話をする機会を与えていただいている白鷗大学の論文集『白鷗法学』(二八巻一号、二一年六月)に投稿した小論「政治改革と菅政権の構造的問題点」が基になっている。共同通信社の先輩であるジャーナリストで白鷗大学名誉教授の後藤謙次氏を通じて、小論をお読みいただいた岩波書店の伊藤耕太郎氏から新書執筆のお誘いをいただいた。お二人には深く御礼を申し上げたい。

ただ、菅政権の構造分析を目指して二一年夏に執筆に着手した直後から、政局の方が急展開を始めてしまった。自民党総裁選で菅首相は退陣、岸田文雄新首相が誕生し、衆院解散・総選挙が行われた。発足からまだ四カ月の岸田政権の評価は定まらない。政局が動く度に、執筆は軌道修正を繰り返し、約半年の間、現在進行形の動きを追いながら、過去の三〇年間を総括するという作業に没頭することとなった。

本書の内容に不十分な点が多々あることは正直に認めたい。そもそも筆者が把握している政治の動きはごく一部に限られる。政局に深く食い込める記者でもなかった。筆者には見えていない動き、「政局の本当の裏舞台」は多くの場面に存在するだろう。表に現れた事象の認識も筆者の一面的な見方に偏ったものだ。「その認識は間違っている」という批判も当然あるだろう。加えて、筆者の分析にも異論が大いにあるはずだ。本書で挙げた「新たな政治改革」のそれぞれの提言を突き合わせると多くの矛盾が生じる点も認めざるを得ない。

さらに言えば、本書で取り扱っている対象は政治の動きに限られている。投票率の変動を分析するならば、社会の在り方の変化をより深く考察しなければならないはずだ。地方分権の動きやグローバル化、インターネットの進化などの視点も抜け落ちている。

そうした欠陥を認めた上で、ご批判や異論は大いに歓迎したい。ただ、それに対しては某政権の「決め台詞」でお応えさせていただくこととしたい。「ご批判は当たらない」と。

なぜなら、批判には必ず筆者の問題提起に対する「異なる認識」、つまり「対案」が含まれているからだ。その「対案」こそが議論の土台になる。今、必要なのは、望ましい政治体制はどう在るべきなのか、現状を常に問い直し、議論を始めることだ。拙い本書がそのたたき台の一つとなれば幸いである。

これまでの取材経験の中で、数多の政治家や永田町の関係者、政治学や憲法学の先生方、はるかに優れた分析をし、記事を執筆している共同通信社の同僚や他社の記者の方々に多くのことを教えられてきた。お名前を挙げるのは控えさせていただくが、深く感謝を申し上げたい。

二〇二二年一月

川上高志

川上高志

1959年生まれ.
共同通信社編集局特別編集委員兼論説委員. 東京大学法学部卒. 1983年共同通信社入社. 松山, 神戸両支局, 仙台支社を経て, 1991年から政治部. 首相官邸, 与党, 野党, 外務省などを担当. 外務省キャップ, 官邸キャップを経て2004年政治部次長. 論説委員兼編集委員, 編集局次長, 論説副委員長兼編集委員などを経て, 2019年7月から現職.
日本記者クラブ企画委員, 白鷗大学客員教授.

検証 政治改革
—なぜ劣化を招いたのか　　岩波新書(新赤版)1915

2022年2月18日　第1刷発行

著　者　川上高志（かわかみたかし）

発行者　坂本政謙

発行所　株式会社 岩波書店
〒101-8002 東京都千代田区一ツ橋2-5-5
案内 03-5210-4000　営業部 03-5210-4111
https://www.iwanami.co.jp/

新書編集部 03-5210-4054
https://www.iwanami.co.jp/sin/

印刷製本・法令印刷　カバー・半七印刷

ISBN 978-4-00-431915-3　　Printed in Japan

岩波新書新赤版一〇〇〇点に際して

ひとつの時代が終わったと言われて久しい。だが、その先にいかなる時代を展望するのか、私たちはその輪郭すら描きえていない。二〇世紀から持ち越した課題の多くは、未だ解決の緒を見つけることのできないままであり、二一世紀が新たに招きよせた問題も少なくない。グローバル資本主義の浸透、憎悪の連鎖、暴力の応酬——世界は混沌として深い不安の只中にある。

現代社会においては変化が常態となり、速さと新しさに絶対的な価値が与えられた。消費社会の深化と情報技術の革命は、種々の境界を無くし、人々の生活やコミュニケーションの様式を根底から変容させてきた。ライフスタイルは多様化し、一面では個人の生き方をそれぞれが選びとる時代が始まっている。同時に、新たな格差が生まれ、様々な次元での亀裂や分断が深まっている。社会や歴史に対する意識が揺らぎ、普遍的な理念に対する根本的な懐疑や、現実を変えることへの無力感がひそかに根を張りつつある。そして生きることに誰もが困難を覚える時代が到来している。

しかし、日常生活のそれぞれの場で、自由と民主主義を獲得し実践することを通じて、私たち自身がそうした閉塞を乗り超え、希望の時代の幕開けを告げてゆくことは不可能ではあるまい。そのために、いま求められていること——それは、個と個の間で開かれた対話を積み重ねながら、人間らしく生きることの条件について一人ひとりが粘り強く思考することではないか。その営みの糧となるものが、教養に外ならないと私たちは考える。歴史とは何か、よく生きるとはいかなることか、世界そして人間はどこへ向かうべきなのか——こうした根源的な問いとの格闘が、文化と知の厚みを作り出し、個人と社会を支える基盤としての教養となった。まさにそのような教養への道案内こそ、岩波新書が創刊以来、追求してきたことである。

岩波新書は、日中戦争下の一九三八年一一月に赤版として創刊された。創刊の辞は、道義の精神に則らない日本の行動を憂慮し、批判的精神と良心的行動の欠如を戒めつつ、現代人の現代的教養を刊行の目的とする、と謳っている。以後、青版、黄版、新赤版と装いを改めながら、合計二五〇〇点余りを世に問うてきた。そして、いままた新赤版が一〇〇〇点を迎えたのを機に、人間の理性と良心への信頼を再確認し、それに裏打ちされた文化を培っていく決意を込めて、新しい装丁のもとに再出発したいと思う。一冊一冊から吹き出す新風が一人でも多くの読者の許に届くこと、そして希望ある時代への想像力を豊かにかき立てることを切に願う。

（二〇〇六年四月）

政治

岩波新書より

(2021.10)　◆は品切，電子書籍版あり．(A2)

岩波新書より

法律

少年法入門　廣瀬健二
倒産法入門　伊藤眞
国際人権入門　申惠丰
AIの時代と法　小塚荘一郎
労働法入門〔新版〕　水町勇一郎
アメリカ人のみた日本の死刑　デイビッド・T・ジョンソン　笹倉香奈訳
虚偽自白を読み解く　浜田寿美男
親権と子ども　榊原富士子　池田清貴
裁判の非情と人情　原田國男
独占禁止法〔新版〕　村上政博
密着 最高裁のしごと　川名壮志
「法の支配」とは何か　行政法入門　大浜啓吉
会社法入門〔新版〕　神田秀樹
憲法への招待〔新版〕　渋谷秀樹
比較のなかの改憲論　辻村みよ子
大災害と法　津久井進

変革期の地方自治法　兼子仁
原発訴訟　海渡雄一
民法改正を考える◆　大村敦志
労働法入門◆　水町勇一郎
人が人を裁くということ　小坂井敏晶
知的財産法入門　小泉直樹
消費者の権利〔新版〕　正田彬
司法官僚　裁判所の権力者たち　新藤宗幸
名誉毀損　山田隆司
刑法入門　山口厚
家族と法　二宮周平
会社法入門◆　神田秀樹
憲法とは何か　長谷部恭男
良心の自由と子どもたち　西原博史
著作権の考え方　岡本薫
法とは何か〔新版〕　渡辺洋三
日本の憲法〔第三版〕　長谷川正安
憲法と天皇制　横田耕一
自由と国家　樋口陽一

憲法第九条　小林直樹
日本人の法意識　川島武宜
憲法講話◆　宮沢俊義

(2021.10)　◆は品切，電子書籍版あり．(B)

現代世界

岩波新書より

- 欧州連合 統治の論理とゆくえ　庄司克宏
- バチカン　郷富佐子
- アメリカよ、美しく年をとれ　猿谷要
- いま平和とは　最上敏樹
- 「民族浄化」を裁く　多谷千香子
- サウジアラビア　保坂修司
- 中国激流 13億のゆくえ　興梠一郎
- 多民族国家 中国　王柯
- 国連とアメリカ　最上敏樹
- 東アジア共同体　谷口誠
- ヨーロッパとイスラーム　内藤正典
- 現代の戦争被害　小池政行
- 帝国を壊すために　アルンダティ・ロイ 本橋哲也訳
- 多文化世界　青木保
- デモクラシーの帝国　藤原帰一
- パレスチナ〔新版〕　広河隆一
- 人道的介入　最上敏樹
- 異文化理解　青木保

- ロシア市民　中村逸郎
- ロシア経済事情　小川和男
- 南アフリカ 「虹の国」への歩み　峯陽一
- ユーゴスラヴィア現代史　柴宜弘
- ビルマ 「発展」のなかの人びと　田辺寿夫
- 東南アジアを知る　鶴見良行
- 獄中19年　徐勝
- モンゴルに暮らす　一ノ瀬恵
- チェルノブイリ報告　広河隆一
- イスラームの日常世界　片倉もとこ
- サッチャー時代のイギリス　森嶋通夫
- エビと日本人　村井吉敬
- バナナと日本人　鶴見良行
- アフリカの神話的世界　山口昌男
- 韓国からの通信　T・K生 「世界」編集部編
- この世界の片隅で　山代巴編

岩波新書/最新刊から

1903 **江戸の学びと思想家たち** 辻本雅史 著

〈知〉を文字によって学び伝えてゆく「教育社会」が個性豊かな江戸思想を生んだ。〈学び〉と〈メディア〉からみわたす思想史入門。

1904 **金融サービスの未来** ―社会的責任を問う― 新保恵志 著

金融機関は社会の公器たり得ているのか？徹底した利用者目線から、過去の不祥事を検証し、最新技術を解説。その役割を問い直す。

1905 **企業と経済を読み解く小説50** 佐高信 著

疑獄事件や巨大企業の不正を描いた古典的名作から、二〇一〇年代に刊行された傑作まで、経済小説の醍醐味を伝えるブックガイド。

1907 **うつりゆく日本語をよむ** ―ことばが壊れる前に― 今野真二 著

安定したコミュニケーションを脅かす、「壊れかけたことば」が増えている。日本語の今に私たちの危機を探り、未来を展望する。

1908 **人の心に働きかける経済政策** 翁邦雄 著

銀行取付、バブル、貿易摩擦、異次元緩和などを題材に、行動経済学の成果を主流派のマクロ経済学に取り入れた公共政策を考える。

1909 **幕末社会** 須田努 著

動きだす百姓、主張する若者、個性的な女性――幕末維新を長い変動過程として捉え、先の見えない時代を懸命に生きた人びとを描く。

1910 **民俗学入門** 菊地暁 著

普通の人々の日々の暮らしから、「人間にかかわることすべて」を捉える。人々の歴史から世界を編みなおす、「共同研究」への誘い。

1911 **俳句と人間** 長谷川櫂 著

生老病死のすべてを包み込むことができる俳句の宇宙に、癌になった俳人があらためて向き合う。「図書」好評連載、待望の書籍化。

(2022.2)